中国住房公积金运行效率研究

蒋华福 著

人民出版社

前　　言

　　江山就是人民，人民就是江山。中国共产党领导人民打江山、守江山，守的是人民的心。为民造福是立党为公、执政为民的本质要求。必须坚持在发展中保障和改善民生，鼓励共同奋斗创造美好生活，不断实现人民对美好生活的向往。

　　中国是一个人口大国。当前和今后一个时期，我国发展环境面临深刻复杂的变化，但仍然处于重要战略机遇期，且机遇和挑战都有新的演变动向，要深刻认识我国社会主要矛盾变化带来的新特征新要求，深刻认识错综复杂的国际环境带来的新矛盾新挑战，增强机遇意识和风险意识，认识和把握发展规律，善于在危机中育先机、于变局中开新局。面对挑战，中国更需要重视民生问题，尤其在建立和完善房地产市场平稳健康发展长效机制的过程中，建立面向现代化的住房金融政策刻不容缓。进入新发展阶段，提升住房公积金治理效能必须统筹发展和安全，把安全发展贯穿国家发展各领域和全过程，确保国家经济安全和社会稳定。

　　放眼全球，当今世界正经历百年未有之大变局，中国共产党着眼于国家长治久安、人民安居乐业，建设更高水平的平安中国，完善社会治理体系。为保障和改善民生，党按照坚守底线、突出重点、完善制度、引导预期的思路，在住房保障等方面推出一系列重大举措，注重加强普惠性、基础性、兜底性民生建设。党的十八大以来，我国社会建设全面加强，人民生

1

活全方位改善,发展了人民安居乐业、社会安定有序的良好局面,续写了社会长期稳定奇迹。今天,我们比历史上任何时期都更接近、更有信心和能力实现中华民族伟大复兴的目标。我们必须用马克思主义的立场、观点、方法观察时代、把握时代、引领时代,不断深化对共产党执政规律、社会主义建设规律、人类社会发展规律的认识;必须坚持在发展中保障和改善民生,统筹发展和安全,推进党的长期执政、人民安居乐业、国家长治久安。

目　录

第一章　中国住房公积金运行概论················· 1

　　第一节　中国住房公积金制度的运行历程············· 1

　　第二节　中国住房公积金制度面临的挑战 ············ 11

　　第三节　中国住房公积金运行效率研究与内涵 ········· 16

　　第四节　内容结构与分析框架 ·················· 33

第二章　住房公积金运行效率的总体特征分析 ········· 41

　　第一节　住房公积金运行成效解析 ··············· 41

　　第二节　住房公积金运行效率的业务分项描述 ········· 48

　　第三节　住房公积金运行效率的整体分析 ··········· 60

第三章　住房公积金运行的静态效率分析 ··········· 92

　　第一节　住房公积金运行的静态效率测度 ··········· 92

　　第二节　基于 DEA-BCC 模型的静态效率分析 ········· 115

　　第三节　静态效率外部影响因素分析 ·············· 123

第四章　住房公积金运行的动态效率分析··········· 131

　　第一节　住房公积金运行系统分析 ··············· 131

　　第二节　基于 DEA-Malmquist 模型的动态效率分析 ····· 146

　　第三节　动态效率内部机理分析··············· 152

第五章 住房公积金运行效率的优化对策 ················ 162

　　第一节 制度设计优化路径 ························ 162

　　第二节 中短期效率优化机制 ···················· 168

　　第三节 中长期效率优化机制 ···················· 176

第六章 研究结论与展望 ··························· 183

　　第一节 主要结论 ···························· 183

　　第二节 研究价值 ···························· 189

　　第三节 研究展望 ···························· 193

主要参考文献 ································ 197

后　记 ···································· 220

第一章 中国住房公积金运行概论

治国有常,利民为本。历史发展与社会现实证明,民生问题既是关系人民生计的问题,又是影响国家发展进步的根本问题。住房又是民生之要,解决好国民住房问题是关乎民生福祉、安邦定国的重要方面。改革开放以来的中国住房政策实践,既反映出中国的住房制度和住房市场发展曾"摸着石头过河",也呈现住房金融体制折射出的中国住房制度变迁历史,尤其是以中国住房公积金制度为主体的政策性住房金融制度经历了从无到有的发展过程。

本章系统梳理了国内外对住房公积金运行的相关研究成果,从历史方位阐述了中国住房公积金制度的运行历程,从现实实践角度解析了中国住房公积金制度当前面临的挑战,并阐述了全书的研究问题、研究内容、研究方法以及所采取的技术路线、创新点。

第一节 中国住房公积金制度的运行历程

中国住房公积金制度,是 20 世纪 90 年代初中国住房政策从计划经济到市场经济演化历程中,参考新加坡的中央公积金制度而诞生的住房保障与金融制度创新。住房公积金政策的产生与发展,对中国住房体制市场化改革发挥了重要的促进作用,同样,住房和经济体制改革的深化又推动了住房公积金制度的发展与完善。研究住房公积金运行的效率及其改进,必须关注制度的演变过程,而且要把制度放在中国经济体制改革,尤其是住房制度变迁的大背景中,才能完整地把握住房公积金制度发展的目标与效率提升方向。

1988 年,国务院召开住房制度改革工作会议,决定在全国分期分批实行住房制度改革。1991 年,国务院正式批准了上海市住房改革试点方案,主要措施为推行公积金—提租发补贴—配房买债券—买房给优惠—建立房委会等五项重点内容①。1992 年,第二次全国住房制度改革工作会议肯定了住房公积金制度在积累个人住房基金、拓宽住房建设资金来源和改善城镇职工住房问题中的作用,提出实施住房公积金制度是大、中城市,特别是超大城市进行房改的有效路径。截至 1993 年,全国已有 26 个省份在住房改革方案中要求实施住房公积金制度。至此,住房公积金制度在中国基本形成。

依据住房公积金在住房问题解决中发挥的历史作用②,本书将制度的发展历程划分为单位住房建设贷款、个人住房购置贷款(以下简称"个贷")、个贷与保障性住房建设贷款(以下简称"项目贷款")并存、个贷与个人住房租赁提取(以下简称"租房提取")并重的四大阶段。③

一、单位住房建设贷款阶段(1991 年—1998 年)

为构建与市场经济相顺应的新住房制度,实现住房分配货币化、市场

---

① 在各类文献中,1991 年被视作中国住房公积金制度的建立时间,上海也被视作该制度诞生的省份。

② 根据相关法规及运行实际,主要考虑以下四类用途:单位贷款、个人贷款、项目贷款、租房提取。

③ 本书中所引用的住房公积金运行数据,均来源于住房和城乡建设部历年住房公积金运行通报与公报。

化,加速住房建设,提高住房质量,满足城镇职工持续增长的住房需要,1994 年 7 月 18 日,国务院发布《关于深化城镇住房制度改革的决定》(国发〔1994〕43 号)。该《决定》要求在全国推行住房公积金制度,表明了城镇住房制度改革是经济体制改革的重要组成部分,也标志着住房公积金的运行进入单位住房建设贷款阶段。

截至 1998 年年底,住房公积金制度已覆盖了全国 231 个地级以上城市,437 个县级城市;全国住房公积金缴存总额为 1230 多亿元,发放贷款为 830 亿元。住房公积金制度的全面推行,在推进单位住房建设、加速城镇住房制度改革中起到了不可或缺的关键作用①。

二、单位个人住房购置贷款阶段(1999 年—2008 年)

为加大住房公积金的运行管理力度,维护住房公积金缴纳者的正当利益,推进城镇住房建设,改善城镇职工的住房条件,1999 年 3 月 17 日国务院第十五次常务会议通过《住房公积金管理条例》(国务院令第 262 号)②。该《条例》规定,住房公积金是指国家机关、事业单位、国有企业等单位与职工共同缴纳的长期住房储金。该《条例》还规定,住房公积金仅用于购房、建房及翻建、大修自住住房,单位和个人不得挪用。这一法规的发布标志着住房公积金的运行进入停止发放单位住房建设贷款,转而发放个人住房购置贷款的阶段。

截至 2008 年年底,全国缴存总额已有 2.07 亿元,发放贷款为 1.06

---

① 中华人民共和国住房和城乡建设部:《关于完善住房公积金决策制度的意见》,建房改〔2002〕149 号,2002 年 6 月 24 日,见 http://www.mohurd.gov.cn/gongkai/fdzdgknr/tzgg/200206/20020624_157633.html。

② 1999 年 4 月 3 日,中华人民共和国国务院令第 262 号发布《住房公积金管理条例》,根据 2002 年 3 月 24 日《国务院关于修改〈住房公积金管理条例〉的决定》和 2019 年 3 月 24 日《国务院关于修改部分行政法规的决定》,在 2019 年 5 月修订。

亿元,全国个贷率(个人贷款余额与缴存余额之比)为 50.30%。在 2008年,住房和城乡建设部(以下简称"住建部")成立了住房公积金监管司,各省份住房城乡建设厅成立住房公积金监管处(办),住房公积金主要使用方向为发放个人购房贷款①。

三、项目贷款与个贷并存阶段(2009 年—2014 年)

为加快保障性住房建设,拓宽建设资金来源及提高资金使用效率,推动住房投资和消费,促进经济平稳较快发展,加快解决城镇中低收入家庭住房困难,2009 年 10 月 15 日,住建部、财政部、发改委等部门联合发布了《关于利用住房公积金贷款支持保障性住房建设试点工作的实施意见》。该《意见》指出,在确保缴存职工提取和贷款及准备备付金的基础上,试点城市可将结余资金用来发放保障性住房建设贷款,但比例不得超过一半。这一文件的颁布表明住房公积金支持保障性住房建设试点工作启动,标志着住房公积金的运行进入保障性住房建设项目贷款与个人住房购置贷款并存的阶段。

截至 2014 年年底,全国设区城市共建立 340 多个住房公积金管理中心,其中:参公管理的为 129 个,一般的事业单位为 213 个。此外,还有208 个分中心未归属设区城市统一管理,其中:县级分中心为 98 个,电力、石油、煤炭等行业分中心为 86 个,省直分中心为 24 个。全国住房公积金缴存总额累计为 74852.68 亿元,发放贷款为 42245.30 亿元,全国住房公积金个贷率为 68.89%,累计发放项目贷款达 775.80 亿元②。虽然项目贷款规模不大,但政策意义较大,体现了这一阶段住房公积金使用方

---

① 中华人民共和国住房和城乡建设部:《2008 年全国住房公积金管理情况通报》,2009年 3 月 23 日,见 http://www.mohurd.gov.cn/xinwen/gzdt/200903/20090323_187675.html。

② 中华人民共和国住房和城乡建设部:《全国住房公积金 2014 年年度报告》,2015 年 6月 13 日,见 http://www.gov.cn/xinwen/2015-06/13/content_2879084.htm。

向为项目贷款与个贷并存。

随着房地产市场和住房政策的变化,住建部此后又调整了住房公积金支持保障性住房建设试点工作相关政策。即从 2016 年起,对试点城市的各类项目贷款,尚未放款的不再发放;已放款但仍有未发放的,原则上停止,不再新增试点项目;已放款但尚未结清的,应妥善安排还款资金,保障按期偿还贷款本息。

四、租房提取与个贷并重阶段(2015 年至今)

为更好地维护缴存职工正当权益,完善提取使用机制,提高制度有效性,促进全国住房租赁市场健康发展,住建部与人民银行等部门于 2015 年 1 月 20 日共同发布了《关于放宽提取住房公积金支付房租条件的通知》(建金〔2015〕19 号)。该《通知》提出,缴存职工连续足额缴存住房公积金满 3 个月,本人及配偶在缴存城市无自有住房且租赁住房的,可提取夫妻双方的住房公积金支付房租,以减轻城镇无房职工住房租赁的经济压力。

2015 年 9 月 15 日,住建部又发布《关于住房公积金异地个人住房贷款有关操作问题的通知》,明确异地贷款办理流程,指出缴存实现异地互认。2015 年 11 月 20 日,国务院法制办向社会发布住房和城乡建设部再次组织修订的《住房公积金管理条例(修订送审稿)》并公开征求意见和建议。这是该《条例》在 2002 年修订后又时隔 13 年的首次"大修",从缴存、提取、增值收益使用、风险防范等多个方面进行了条款修订,基本思路是为进一步帮助缴存职工解决住房困难,优化住房公积金缴存、使用政策。一系列政策的实施进一步保障了缴存职工正当利益,改进了提取、使用机制,标志着住房公积金的使用进入个人住房租赁提取与个人住房购置贷款(包括异地个贷)并重的阶段。

根据住房和城乡建设部、财政部、中国人民银行联合印发的《全国住房公积金 2021 年年度报告》(建金〔2022〕46 号)①,2021 年,住房公积金缴存额 29156.87 亿元,提取额 20316.13 亿元,发放个人住房贷款 13964.22 亿元,未购买国债。截至 2021 年年末,缴存余额 81882.14 亿元,个人住房贷款余额 68931.12 亿元,保障性住房建设试点项目贷款余额 3.25 亿元,国债余额 5.29 亿元,住房公积金结余资金 12942.48 亿元。2021 年,全国住房公积金实缴单位 416.09 万个,实缴职工 16436.09 万人,分别比上年增长 13.88% 和 7.23%。新开户单位 79.46 万个,新开户职工 2220.51 万人。综合来看,住房公积金运行正在逐步适应当前"房住不炒、租购并举和实现住有所居"为主要方向的住房制度改革要求。全国住房公积金运行情况,具体如下。

(一)缴存

2021 年,住房公积金实缴单位 416.09 万个,实缴职工 16436.09 万人,分别比上年增长 13.88% 和 7.23%。新开户单位 79.46 万个,新开户职工 2220.51 万人。2021 年,住房公积金缴存额 29156.87 亿元,比上年增长 11.24%。截至 2021 年年末,住房公积金累计缴存总额 224991.31 亿元,缴存余额 81882.14 亿元,分别比上年年末增长 14.89%、12.10%,结余资金 12942.48 亿元(如图 1.1 所示)。

(二)提取

2021 年,住房公积金提取人数 6611.21 万人,占实缴职工人数的 40.22%;提取额 20316.13 亿元,比上年增长 9.51%;提取率② 69.68%,比上年降低 1.10 个百分点。截至 2021 年年末,住房公积金累计提取总额 143109.17 亿元,占累计缴存总额的 63.61%(如图 1.2 所示)。

---

① 《全国住房公积金 2021 年年度报告》,住房和城乡建设部 2022 年,第 5 页。
② 提取率指当年提取额占当年缴存额的比率。

图 1.1　2015 年—2021 年住房公积金缴存额及增长速度

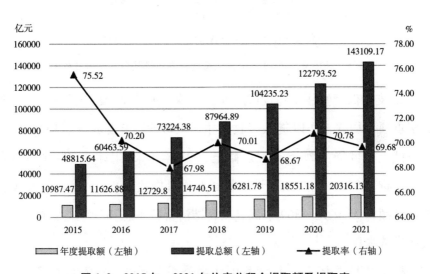

图 1.2　2015 年—2021 年住房公积金提取额及提取率

（三）贷款

1. 个人住房贷款。2021 年,发放住房公积金个人住房贷款 310.33
万笔,比上年增长 2.50%;发放金额 13964.22 亿元,比上年增长 4.52%。
截至 2021 年年末,累计发放住房公积金个人住房贷款 4234.71 万笔、

125302.81 亿元,分别比上年末增长 7.91% 和 12.54%;个人住房贷款余额 68931.12 亿元,比上年末增长 10.62%;个人住房贷款率①84.18%,比上年末减少 1.13 个百分点(如图 1.3 所示)。

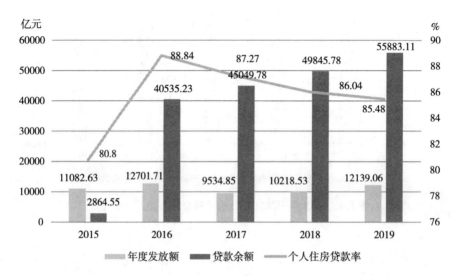

图 1.3　2015 年—2019 年个人住房贷款发放额及个人住房贷款率

2. 支持保障性住房建设试点项目贷款。近年来,支持保障性住房建设试点项目贷款工作以贷款回收为主。2021 年,未发放试点项目贷款,回收试点项目贷款 2.36 亿元。截至 2021 年年末,累计向 373 个试点项目发放贷款 872.15 亿元,累计回收试点项目贷款 868.90 亿元,试点项目贷款余额 3.25 亿元。369 个试点项目结清贷款本息,82 个试点城市全部收回贷款本息。

相比之下,"十三五"期间我国住房公积金制度运行安全平稳,而 21世纪初的 15 年间全国住房公积金运行情况可比性较强。鉴于此,本书重点选取这期间住房公积金的运行效率情况作为样本。根据研究需要选取1999 年—2014 年的住房公积金运行有关数据,采用相应研究方法对住房

---

①　个人住房贷款率指年度末个人住房贷款余额占年度末住房公积金缴存余额的比率。

公积金运行的静态、动态效率进行定量实证分析。其中,2015 年前的全国住房公积金缴存总额、发放贷款的历史情况如图 1.4 所示①。

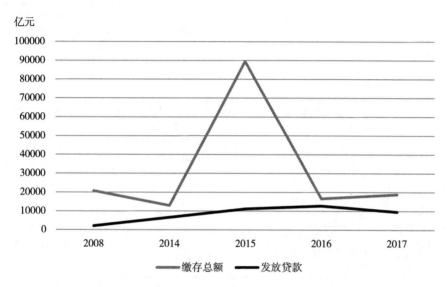

图 1.4　全国住房公积金缴存总额、发放贷款历史情况

全国住房公积金运行在上述四个阶段的标志政策使用情况如表 1.1 所示。

表 1.1　全国住房公积金运行历程中四个阶段的主要标志政策

阶段	法规、规章名称	颁布时间	颁布机构
阶段一 (1991 年— 1998 年)	《国务院关于深化城镇住房制度改革的决定》(国发〔1994〕43号)	1994 年 7月 18 日	国务院
阶段二 (1999 年— 2008 年)	《住房公积金管理条例》(国务院令第 262 号)	1999 年 4月 3 日	国务院
	《国务院关于修改〈住房公积金管理条例〉的决定》(国务院令第350 号)	2002 年 3月 24 日	国务院

① 依据行业统计惯例,绘图主要选缴存总额、发放贷款两项。

阶段	法规、规章名称	颁布时间	颁布机构
阶段三 (2009 年— 2014 年)	《关于利用住房公积金贷款支持保障性住房建设试点工作的实施意见》	2009 年 10月 15 日	住房和城乡建设部、财政部、国家发展和改革委员会、中国人民银行、监察部、审计署、全国银行业监督管理委员会
阶段四 (2015 年 至今)	《关于放宽提取住房公积金支付房租条件的通知》(建金〔2015〕19 号)	2015 年 1 月20 日	住房和城乡建设部、财政部、中国人民银行
	《关于住房公积金异地个人住房贷款有关操作问题的通知》(建金〔2015〕135 号)	2015 年 9月 15 日	住房和城乡建设部
	《住房公积金管理条例(修订送审稿)》	2015 年 11月 20 日	国务院法制办
	《关于贯彻落实"放管服"改革精神做好住房公积金缴存有关工作的通知》	2017 年 5月 23 日	中央国家机关住房资金管理中心
	《关于在内地(大陆)就业的港澳台同胞享有住房公积金待遇有关问题的意见》	2017 年 11月 28 日	住房城乡建设部、财政部、中国人民银行、国务院港澳事务办公室、国务院台湾事务办公室
	《关于实施住房公积金阶段性支持政策的通知》	2022 年 5月 20 日	住房和城乡建设部、财政部、人民银行

资料来源:根据国务院和住建部历年相关文件整理。

住房是人民生活品质和幸福感、获得感、安全感的重要影响因素,住房水平也是中国式现代化的重要指标。党的二十大报告明确指出,坚持房子是用来住的、不是用来炒的定位,加快建立多主体供给、多渠道保障、租购并举的住房制度,这彰显了中国式现代化中住房制度以人民为中心的发展思想,凸显了住房公积金制度要实现好、维护好、发展好最广大人民根本利益,更好实现效率与公平的统一。

第二节　中国住房公积金制度面临的挑战

住房作为最基本的生存要件,是人人都应享有的基本权利,也是实现劳动力再生产和维系家庭情感的重要保障。联合国《世界人权宣言》中规定,人有权利享有维持生活水准的保障,包括必需的食物、住房及医疗等①。《孟子·滕文公上》有曰:"民事不可缓也"。② 住房问题是一个重大的社会、经济问题。自恩格斯发表著名的《论住宅问题》③后,世界各国普遍将住房问题,特别是解决中低收入者的住房问题作为重要的政治经济问题,把保障住房及改善国民住房条件作为执政的重要基础。中国中低收入阶层的住房保障与住房金融也是社会发展的一个重大问题,它关系到社会经济政治稳定,关系到国家战略目标的实现。

一、实践维度

住房公积金制度是我国城镇住房制度的重要组成部分④。为促进城镇住房建设、提高城镇职工的住房质量而建立的住房公积金制度,是我国城镇住房制度改革的重要内容和中心环节,也是中国住房保障与政策性住房金融的核心部分,自 1991 年建立以来一直发挥着解决住房问题的社会稳定器作用。然而,随着我国经济环境的变化和房地产市场的迅速发展,住房公积金制度在实施中暴露出一些亟待解决的问题,包括:缴存制

①　《世界人权宣言》,联合国大会第 217A(Ⅲ)号决议,1948 年 12 月 10 日,见 https://www.un.org/zh/udhrbook/#55。
②　杨伯峻:《孟子译注》(下册),中华书局出版 1960 年版,第 117 页。
③　中共中央马克思恩格斯列宁斯大林著作编译局:《论住宅问题》,人民出版社 2019 年版。
④　《关于〈住房公积金管理条例(修订送审稿)〉的说明》,住房城乡建设部 2015 年,第 1 页。

度不完善,城市之间资金无法融通,资金提取、使用和保值、增值渠道偏窄,管理效率和服务水平不高等①。当前中国正处于城镇化加速时期,住房公积金运行效率在全国范围呈现区域差异。早在国家"十三五"规划纲要中,就明确指出今后中国发展将更加注重统筹协调②。住房公积金运行的统筹有利于从根本上改进公积金制度在全国范围的运行效率。

随着我国经济社会的迅猛发展以及住房市场的深度变革,住房公积金制度暴露出的各项问题越来越突出。为此,近十年来,我国住房公积金制度改革呈现出加速态势,中共中央也对此作出了明确表态。例如,2013年11月,党的十八届三中全会审议通过的《关于全面深化改革若干重大问题的决定》明确提出,要建立公开规范的住房公积金制度,改进住房公积金的提取、使用、监管机制③;2015年11月,国务院法制办就《住房公积金管理条例(修订送审稿)》公开征求意见;2021年3月,十三届全国人大四次会议通过的《中华人民共和国国民经济和社会发展第十四个五年规划和2035年远景目标纲要》再次强调,要改革完善住房公积金制度,健全缴存、使用、管理和运行机制;2022年1月,国家发展改革委等部门联合印发《"十四五"公共服务规划》,指出应扩大住房公积金制度,优化住房公积金使用政策,租购并举保障缴存人基本住房需求。这意味着随着中国社会、经济发展转入新发展阶段,住房公积金制度的改革发展面临新环境、新使命。住房公积金运行需要积极顺应新发展阶段,要加大深化改革力度,加速推进住房公积金制度的顶层设计,要完善住房公积金提取、使

---

① 《关于〈住房公积金管理条例(修订送审稿)〉的说明》,住房城乡建设部2015年,第2页。
② 全国人民代表大会:《中华人民共和国国民经济和社会发展第十三个五年规划纲要》,2013年11月15日,见 http://www.npc.gov.cn/wxzl/gongbao/2016-07/08/content_1993756.htm。
③ 新华社:《中共中央关于全面深化改革若干重大问题的决定》,2013年11月15日,见 http://www.gov.cn/jrzg/2013-11/15/content_2528179.htm。

用政策,加大个人住房贷款发放力度,更好地发挥住房公积金的住房保障与住房金融作用,帮助更多职工达到"住有所居"的状态。进入新发展阶段,应当适应国家深化住房制度改革的主流,构建更可持续的住房公积金运行新格局,努力使运行更有效率。

从 1991 年上海市试点建立住房公积金制度至今,中国住房公积金制度运行已有 30 多年,随着国家宏观房地产政策经历了一个由放开、收紧、再放开的一个完整周期,制度因应外部经济环境变化而调整是必要的①。从全国范围看,中西部地区、东部地区的住房公积金使用率差异性较大,为缓解住房公积金个人贷款迅猛增长产生的流动性紧张状况,有的省份在提取、使用方面进行了一些探索,但因政策走向反转而难以为继。截至 2021 年年底,全国住房公积金运行规模如表 1.2 所示。在面对如此巨额的资金,且住房公积金归集总量及结余资金的规模还将不断增长的情况下,研究住房公积金运行的效率迫在眉睫。

表 1.2　2021 年年底全国住房公积金运行主要数据

指标	缴存职工 (亿人)	缴存总额 (万亿元)	缴存余额 (万亿元)	个人住房贷款 余额(万亿元)
规模	1.644	22.499	8.188	6.893

在 2020 年年底召开的全国住房城乡建设工作会议上,国家提出要稳妥实施房地产长效机制方案,促进房地产市场平稳健康发展;大力发展租赁住房,解决好大城市住房突出问题;进一步完善住房公积金缴存、使用和管理机制②。近年来,全国多地对住房公积金制度陆续进行调整,尤为

---

① 蒋华福、王广斌:《我国住房公积金空间格局研究》,《住宅科技》2016 年第 3 期。

② 中华人民共和国住房和城乡建设部:《奋力开创住房和城乡建设事业高质量发展新局面,为全面建设社会主义现代化国家作出新贡献——全国住房和城乡建设工作会议召开》,2020 年 12 月 21 日,见 http://www.mohurd.gov.cn/xinwen/jsyw/202012/20201221_248547.html。

值得关注的是公积金的一体化改革。比如,长三角地区三省一市签订了《长三角住房公积金一体化战略合作框架协议》、粤港澳大湾区住房公积金信息共享平台宣布上线、武汉等 20 个长江中游城市签署了《长江中游城市群住房公积金管理中心合作公约》、胶东经济圈出台公积金一体化政策、大南昌都市圈住房公积金异地贷款合作正式启动。显然,各地之间推进公积金异地合作的进度明显加快,住房公积金"一体化"正迎来加速发展期。国内外诸多学者围绕住房公积金制度也开展了较为丰富的研究,但仍有研究局限,尤其关键的是对各地住房公积金跨期运行绩效的量化研究明显不足,未充分考虑到不同地区的发展差异,并且研究的视角存在片面性,亟须结合当前我国经济社会发展的新环境提出有效的改革方案。未来五年乃至更长一段时期,将是全国住房公积金行业深入贯彻《中华人民共和国国民经济和社会发展第十四个五年规划和 2035 年远景目标纲要》和研究推进住房公积金运行改革的关键时期,因此在实践上存在研究的必要性。

二、理论维度

住房公积金的高效运行和平稳健康可持续发展,事关国家发展全局,事关亿万百姓福祉,事关房地产市场长效机制建立,因此也成为监管部门和理论界共同探讨的重要课题。然而,中国当前对有关住房公积金整体运行效率的研究还比较薄弱,相关理论研究成果还比较匮乏,这不利于住房公积金运行的风险防范和统筹管理。国外学者关于中国住房公积金运行效率的研究较少,国内研究者和从业者虽然开始逐渐关注住房公积金运行效率,但目前大多数相关研究还只是停留于理论和概念层面探讨,有关效率方面的量化研究不多,定量的实证研究几乎还处于空白期,现有研究与满足住房公积金运行需要有较大差距。因此,无论是在理论上还是在实践上,关于住房公积金运行效率量化研究存在着很强的研究必要。

在中国城镇住房制度改革发展的进程中,住房公积金制度的实施的确在支持中低收入群体购房中发挥了一定作用①。但过去 30 多年来的住房公积金运行实践表明,在支持中低收入群体解决住房问题方面,住房公积金的住房保障作用并未实现预期目标。因此,2021 年 3 月初公布的《中华人民共和国国民经济和社会发展第十四个五年规划和 2035 年远景目标纲要》提出,改革完善住房公积金制度,健全缴存、使用、管理和运行机制。这意味着,未来五年当中,住房公积金制度未来的改革方向将以改革、完善、健全为主。

根据住房和城乡建设部、财政部、中国人民银行联合发布《全国住房公积金 2021 年年度报告》,2021 年住房公积金实缴单位 416.09 万个,实缴职工 16436.09 万人。而且截至 2021 年年末,住房公积金累计缴存总额 224991.31 亿元,缴存余额 81882.14 亿元。由此可见,不论从缴存人数还是资金规模等维度来看,住房公积金都无疑对中国住房市场产生不可忽视的影响。但不可否认的是,伴随着我国经济社会的快速发展和住房市场的深刻变革,植根中国 30 多年的住房公积金制度在公平性、运行效率、风险监管等方面暴露出一些问题,也引起了社会各界的广泛关注和讨论。在过去一段时间里,国内外研究机构和学术界对住房公积金制度一直展开着深入探讨,政界、学界研究者为中国住房公积金制度的改革方向也作了大量有成效的研究。当前,住房公积金运行效率的提升还需要管理者整合社会、经济发展的客观需要和现实情况,开辟住房公积金制度改革新路径。

---

① Liu LQ., Liu W., "Study in the Housing Guarantee System of Low and Middle-income Residents", 2009, pp.803-808.

第三节　中国住房公积金运行
效率研究与内涵

中国住房公积金运行效率是社会各界聚焦的热点,也是国内外学者关注的问题之一。住房公积金客观上具有住房保障及住房金融的"双重"属性,住房公积金运行效率涉及多学科、多部门、跨专业的领域,使得研究成果因此呈多样性、复杂性。

一、核心概念与基本内涵分析

理论界有许多研究者从不同角度理解效率内涵,并从不同侧面进行阐述。在管理学角度,效率被界定为在一定时刻或时期,组织的各类投入和产出间的比值关系。投入越低,产出越高,则效率越优。可见,效率在本质上揭示了资源投入与产出之间的一种关系,或收益与成本之间的一种关系。效率作为经济管理的核心命题,始终是政策研究最重要的概念之一,一直受到经济学家、管理学家的广泛关注。

(一)效率的概念及内涵

效率始终是经济政策的永恒主题,也是一项制度运行的根本评价标准之一。效率是一个经济范畴,其基本含义是单位生产要素在单位时间内投入的产出,即单位时间内生产要素的投入产出比。投入产出比高,效率就高;反之,效率就低。经济行为的效率影响着生产力和社会经济的发展;效率反映经济行为配置成效,体现社会资源的利用比率。效率概念内涵丰富,学者们在不同视角表达了效率范畴的各个侧面及不同层面。

美国经济学泰斗 Paul A.Samuelson 将效率界定为"最有效地配置社

会资源,并满足人类的需求"①;美国著名经济学家 N.Gregory Mankiw 认为效率是"人们能从社会有限资源中获得最多"②;意大利经济学家 Vilfredo Pareto 定义效率为"当资源或商品的配置已经到达这样一种情形——不论怎样改变,要是不让他人的境地下降,就不可能使任何人的境地得以改进"③。

从不同角度,效率范畴可在多个侧面表达。有的学者提出,交换效率是市场介入人没有动力去创造市场所没有供给的交易安排;生产效率是指一段时期生产单位的投入产出比例到达了最佳状况,即在投入不变时达到了产出的最大化。也有学者提出,效率分为技术效率、经济效率,技术效率被为用实物单位计量的效率,经济效率为用成本价值计量的效率。从 21 世纪初期起,中国学者也开始逐步重视效率研究。比如,有研究定义技术效率为最基本的生产单元所采取的生产和管理技术,相对于它所能够采取的技术来说,已到达一定约束前提下的上限程度④。有研究提出资源配置效率指一种资源无论如何重新配置,都不可能使任何个体的收入增长,即资源有效配置实现了最优⑤。有研究提出效率分为宏观效率、微观效率,前者体现的是生产资源获得合理有效的利用,配置出更多的社会供给;后者体现的是利用资源生产出更多的商品,消费需要得到更好的满足⑥。有研究指出效率分为内部效率、外部效率,内部效率是自身

---

① [美]萨缪尔森·保罗、诺德豪斯·威廉:《经济学(第 18 版)》,萧深等译,人民邮电出版社 2008 年版,第 4 页。
② [美]曼昆·格里高利·N.:《经济学原理》,梁小明译,北京大学出版社 2009 年版,第 4 页。
③ 转引自毛锐:《应对气候变化制度的经济学分析》,吉林大学 2016 年博士学位论文,第 33 页。
④ 李茂生:《现代市场经济社会的财政职能》,《财贸经济》2005 年第 11 期。
⑤ 徐钦智:《论构建社会主义和谐社会中效率与公平的定位问题》,《东岳论丛》2005 年第 4 期。
⑥ 张素芳:《论市场分配经济利益和配置生产资源的基础性作用——四论市场经济的公平与效率》,《经济评论》2005 年第 5 期。

的投入与产出之间的关系,外部效率是产业发展所带来的宏观影响①。

本书所探讨的效率,主要是研究投入和产出或者成本和收益的关系。效率高是指投入少、产出多,效率低则是指投入多、产出少。

(二)住房公积金的概念及内涵

中国当前推行的社会保障制度主要包括"五险一金",其中的"一金"指的就是住房公积金。住房公积金主要参与住房市场活动,同时遵循住房金融发展的一般规律。住房公积金运行内容涉及缴存、贷款、提取、投资和增值收益处置、管理等方面。

根据国务院现行《住房公积金管理条例》(2002 年修订,以下简称"条例")规定,住房公积金是指国家机关、事业单位、国有企业、外商投资企业、城镇集体企业、城镇私营企业及其他城镇企业、社会团体、民办非企业单位及其在职职工缴存的长期住房储金②。

此前,1999 年颁布的《住房公积金管理条例》规定住房公积金是指国家机关、国有企业、城镇集体企业、外商投资企业、城镇私营企业及其他城镇企业、事业单位、民办非企业单位、社会团体(以下统称"单位")及其在职职工缴存的长期住房储金③。在 2002 年,国务院对其进行了修订,并对住房公积金的概念给予修正。后者把民办非企业单位和社会团体的在职职工包括在制度的范围之内,使覆盖范围扩大了,制度也更加完善。到 2005 年,《关于住房公积金管理若干具体问题的指导意见》又规定,进城

---

① 宋金昭:《基于 DEA 的住房公积金制度运行效率实证研究》,《商业时代》2011 年第 27 期。

② 中华人民共和国国务院:《国务院关于修改〈住房公积金管理条例〉的决定》,中华人民共和国国务院令第 350 号,2002 年 3 月 28 日,见 http://www.mohurd.gov.cn/gongkai/fdzdgknr/flfg/xingzfg/200203/20020328_158961.html。

③ 中华人民共和国国务院:《住房公积金管理条例》,中华人民共和国国务院令第 262 号,1999 年 4 月 3 日,见 http://law168.com.cn/doc/view? id=152251。

务工人员被城镇单位聘用,单位和职工可缴交住房公积金;自由职业者、城镇个体户也可申请缴纳住房公积金,使得制度覆盖面再次扩大和深化①。在 2015 年,《住房公积金管理条例(修订送审稿)》再次规定住房公积金,是指单位和职工缴存的具有保障性和互助性的个人住房资金。时隔 13 年,条例再次修订,修订稿进一步拓宽缴交范围,首次允许非全日制从业人员缴交住房公积金,进一步扩大了制度的覆盖面。

可见,住房公积金是一项较为独特的、法定性的职工储蓄。在缴交方面,具有强制性、义务性;在用途方面,只可用于住房消费,是长期性、专用性的资金;在归属方面,资金归个人所有,是可返还的储蓄。因此,住房公积金应该属于工资的类型,是中国住房分配从实物化演变为货币化的主要载体。

二、国内外住房公积金相关研究

效率是住房公积金制度的重要评价维度。住房公积金运行要更有效率,更可持续发展,才能发挥社会政策托底、社会稳定器作用。随着运行实践的深化,住房公积金运行因属民生问题而被视作效率的聚焦点之一。为更清楚地表述,本书将住房公积金的研究文献分为制度与运行两部分来论述,概括如下。

(一)住房公积金制度的文献研究

住房公积金制度的健康运行,关系到国家的可持续发展,关联到中低收入群体的住房保障。随着社会经济环境的变化,制度一方面逐步体现出与经济、房价、收入等因素的相关性,另一方面由于封闭管理、分散运行又呈现出各省份实际运营的差异性。

---

① 中华人民共和国国务院:《关于住房公积金管理若干具体问题的指导意见》,建金管〔2005〕5 号,2006 年 10 月 13 号,见 http://www.gov.cn/ztzl/nmg/content_412463.htm。

在住房公积金制度方面的研究中,比较成熟的文献有国家自然科学基金委员会管理科学部的 2007 应急研究项目(第三期)"推进与完善住房公积金制度研究",该课题对中国住房公积金制度进行较为系统的研究,论述了政策历史与现状,分析了住房公积金的住房保障作用,比较了国外做法,提出住房公积金绩效评价方法,并对其资产管理、风险控制、监管体系、增值收益分配等进行理论研究与实证分析。

然而国内外对住房公积金在我国 31 个省、自治区、直辖市(以下简称"省份")①运行特征的研究几乎是个空白,主要原因一方面是住房公积金属地化管理、封闭运作,另一方面是可获得的数据极其有限。即便是以全国局部主要城市为对象,可查询到的现有文献也是寥寥无几。有学者选取上海、常州和嘉兴等几个城市的 2008 年数据,对住房公积金的住房消费情况进行深度仿真测算;同时也选取了天津、大连、湖州、南宁这几个城市的 2007 年统计数据,对住房公积金政策运行进行评价②。还有研究则基于天津、杭州、武汉、西安、重庆、成都、南京 7 个城市的 2002 年—2011 年数据,实证分析了住房公积金贷款对房价的短期动态影响③。此外,也有学者从资源配置的角度选取全国 35 个大中城市的住房公积金运行数据进行了实证分析④。

近几年,国内学术界对住房公积金制度"全国或全口径统筹"关注度较高,但对住房公积金在全国统筹运行的定量实证研究,文献中也不多见。在近年的文献中,也仅有少数学者提出建立住房公积金统筹管理机

---

① 考虑到数据的可得性与连续性,相关研究不包括港澳台地区,本书研究亦同。

② 刘洪玉主编:《推进与完善住房公积金制度研究》,科学出版社 2011 年版,第 108—109 页。

③ 杨黎明、余劲:《我国住房公积金贷款对房价影响的动态研究——基于 2002—2011 年七个二线城市的面板数据》,《南京农业大学学报(社会科学版)》2013 年第 5 期。

④ 宋金昭:《我国住房公积金的资源配置及效率研究》,西安建筑科技大学结构工程(土木工程建造与管理)系 2013 年博士学位论文,第 17 页。

构,在全国范围内加强住房公积金的横向连接,集中运营积累资金,搭建国家级的资金拆借平台①。也有学者认为,长远看应把住房公积金中心改革为专业政策性住房金融机构,实施"总行—分行"模式运作②③。有学者提出对农村住房制度进行改革的观点,认为应建立农村住房公积金制度,从而真正完善住房公积金制度,以加速推进城镇化进程④;应优化住房公积金的目标、功能等,并统筹管理住房公积金和养老保险金⑤;应借鉴国外公共住房金融体系发展的经验,进一步细化住房公积金制度设计中的体制变革问题⑥;可参考银行的运行和实践经验,探索构建全国性的住房公积金资金统筹平台⑦;建立国家统筹管理的立体组织结构下的资金运作平台,以实现全国范围内跨地区资金调度⑧等。

此外,部分学者提出全国应建立政策性的储存机构,构建资金筹集、营运、监督的新模式,以保证资金安全、保值、增值,合理分配增值收益⑨。有学者认为拓展住房公积金贷款的资金来源可多管齐下,可由地方政府提供财政资金,也可发行专项免税债券,还可通过建立全国住房公积金住房抵押贷款二级市场等方式⑩。

---

① 刘洪玉主编:《推进与完善住房公积金制度研究》,科学出版社 2011 年版,第 314 页。
② 陈杰:《住房公积金的流动性危机》,《中国房地产》2010 年第 2 期。
③ 李晓红:《论我国住房公积金运行中存在的问题》,《中国外资》2011 年第 24 期。
④ 刘清华:《中国住房公积金制度研究》,河海大学技术经济与管理系 2003 年博士学位论文,第 99 页。
⑤ 朱婷:《住房公积金问题研究》,社会科学文献出版社 2012 年版,第 95—99 页。
⑥ 刘洪玉主编:《推进与完善住房公积金制度研究》,科学出版社 2011 年版,第 62—63 页。
⑦ 苏虹:《连接资金孤岛,化解流动性风险——住房公积金全国资金调剂平台初探》,《中国房地产金融》2014 年第 8 期。
⑧ 杨依平等:《全国统一住房公积金管理框架初探》,《财经界》2013 年第 35 期。
⑨ 刘清华:《中国住房公积金制度研究》,河海大学技术经济与管理系 2003 年博士学位论文,第 59—72 页。
⑩ 朱婷:《住房公积金问题研究——基于境外住房资金积累和住房融资经验》,福建师范大学政治经济学系 2011 年博士学位论文,第 126—139 页。

由于住房公积金还具有住房金融属性,国内外不少学者对该领域也开展了一些研究①②③④⑤⑥⑦⑧⑨⑩。国外对住房金融研究起步相对较早,早在 20 世纪 60 至 70 年代住房金融就已引起国外学者的注意。具有代表性的研究成果较多,David C.Lindeman 研究了印度、新加坡等国家的公积金用在养老金方面的状况⑪;S.Giriappa(1998)对发展中国家住房金融开展了研究⑫;Randall Johnston Pozdena(1988)从住房抵押的角度,认为

① Mansini R.,Speranza MG.,"A multidimensional knapsack model for asset-backed securitization",*Journal of the Operational Research Society*,Vol.53,No.8(August 2002),pp.822-832.

② Walks A.,Clifford B.,"The political economy of mortgage securitization and the neoliberalization of housing policy in Canada",*Environment and Planning A*,Vol.47,No.8(August 2015),pp.1624-1642.

③ Petersen MA.,Mukuddem-Petersen J.,Waal De B.,et al,"Profit and Risk under Subprime Mortgage Securitization",*Discrete Dynamics in Nature and Society*,Vol.2011(July 2011),pp.1-2.

④ Otero Gonzalez L.,Ezcurra Perez M.,Martorell Cunil O.,et al,"Analysis of the impact of mortgage backed securitization on financial stability of the Spanish banking system",*Revista Espanola De Financiacion Y Contabilidad-Spanish Journal of Finance and Accounting*,Vol.42,No.160(2013),pp.513-533.

⑤ Mukuddem-Petersen J.,Mulaudzi MP.,Petersen MA.,et al,"Optimal mortgage loan securitization and the subprime crisis",*Optimization Letters*,Vol.4,No.1(January 2010),pp.97-115.

⑥ Keys BJ.,Mukherjee T.,Seru A.,et al,"Financial regulation and securitization:Evidence from subprime loans",*Journal of Monetary Economics*,Vol.56,No.5(July 2009),pp.700-720.

⑦ Iglesias-Casal A.,Lopez-Penabad Celia M.,Lopez-Andion C.,et al,"Market perception of bank risk and securitization in Spain",*Journal of Business Economics and Management*,Vol.17,No.1(January 2016),pp.92-108.

⑧ Gelpern A.,Levitin AJ.,"Rewriting Frankenstein Contracts:The Workout Prohibition in Residential Mortgage-Backed Securities",*Southern California Law Review*,Vol.82,No.6(December 2009),pp.1075-1152.

⑨ Demiroglu C.,James C.,"How Important is Having Skin in the Game? Originator-Sponsor Affiliation and Losses on Mortgage-backed Securities",*Review of Financial Studies*,Vol.25,No.11(November 2012),pp.3217-3258.

⑩ Ali R.,Ismail S.,Bakri MH.,"A Comparative Analysis of Conventional and Shari'ah for Residential Mortgage-Backed Securities",In *International Conference on Economics and Business Research* 2013,Sidek NZM.,Ahmad M.,Marwan NF.(eds.),2013,pp.116-125.

⑪ Lindeman C.David,"Provident Fund in Asia:Some lessons for pension reformers",*International Social Security Review*,Vol.55,No.4(December 2002),pp.55-70.

⑫ Giriappa S.,*Housing Finance and Development in India*,New Delhi:Mohit Publications,1998.

抵押市场与住房市场属于一种契约关系,在抵押贷款活动中,住房被当作担保贷款的债务工具,所以住房金融就是住房抵押贷款[①];David Garnett(1991)认为住房金融是与国民各类住宅建设、购买有关的货币信贷行为[②];Peter King(2001)从政策的角度分析了英国住房金融政策发展的历史和影响[③];John M.Quigley(1997)研究了住房金融和金融发展、总体经济的关系[④];马克·博立特等(1985)从住房金融系统的必要条件出发,区分和提出了住房金融的四种路线[⑤];Robert M.Buckley(1989)阐明了制度经济学理论可以用于住房金融研究[⑥];Vasoo S.(2002)分析了新加坡住房政策和社会保障,认为新加坡中央公积金制度促进了社会、经济发展,实现了社会和谐的目标,为西方进一步完善社会保障及实践展示了一个较好案例[⑦]。

　　国内住房金融研究起步较晚,早期不少研究者期望通过对发达国家住房金融进行研究,为中国住房金融发展寻找突破口,表现为虽紧紧围绕住房改革的需要,但仅对国外住房金融模式、政策予以介绍和评价,研究尚未上升到理论层面。20世纪90年代末期开始,伴随着住房金融业务的快速发展,学术界开始逐渐关注住房金融的理论研究。

　　在2000年,就有学者较早地对中国的政策性金融作了比较系统的研

---

① Pozdenal Johnston Randall, *The modern Economics of Housing*, London:Quorum books, 1988,pp.176-188.

② David G.,et al,*Housing Finance(Housing practice series)*,London:Longman,1991.

③ King P.,*Understanding housing finance*,New York:Routledge,2001.

④ Quigley JM.,*The Economics of Housing*,Cheltenham:Edward Elgar Publishing,1997.

⑤ Boléat,Mark J and Saving Associations,*National Housing Finance Systems:A Comparative Study*,London:Routledge & Kegan Paul,1985.

⑥ Buckley R.M.,"Housing finance in developing countries:a transaction cost approach",in *Policy Research Working Paper*,Washington,D.C.:World Bank,1989,pp.1-2.

⑦ Vasoo S.,"New Directions of Community Development in Singapore",in *Extending Frontiers:Social Issues and Social Work in Singapore*,T.Tiong and K.Mehta(eds.),Singapore:Eastern Universities Press,2002,pp.20-36.

究,他论述了政策性金融在资源配置中的地位,并从资源配置的主体、目标、客体等角度阐述了政策性金融和商业性金融、政府财政之间的区别与联系①。此后,有研究分析住房公积金运行系统的结构和模型的行为特点,并对住房公积金供给剩余和供给不足的对策进行了分析,认为当供给剩余时,运用资产组合理论、资产定价模型建立动态投资决策优化模型;当住房公积金供给不足时,短期可提高职工缴交比例和延长贷款等候时间来缓解供需差的矛盾,中期可采用"高存低贷"的运作机制,长期可采用住房公积金抵押贷款证券化的模式②。还有学者认为,公积金约束正成为分化不同类型家庭住房支付能力和消费偏好的重要因素;在住宅特征需求方面,公积金约束的影响效应存在显著的收入差异、单位类型差异、职业类型差异、职称差异和行业收入差异;社会地位较高的家庭在提高住宅结构特征需求方面获得了更多的公积金支持;而在住宅邻里特征需求方面,公积金制度对社会地位较低家庭的贡献度较高③。

有研究指出,住房金融的根本目的是为住房的生产或消费获得资金。由于住房价值量巨大,住房的生产投资和消费都需要大量而且长期的资金投入,单靠居民自有积蓄和企业个体资本来一次性付清非常困难,能否得到融资往往是现代社会中住房经济活动开展的前提条件,融资是否有效则是住房事业能否发展壮大的关键;他们认为住房金融的研究应围绕如何为住房的生产与消费获得稳定、长期、充足和廉价的融资而展开④。

住房公积金制度的文献研究现状总结如图1.5所示。

---

① 参见白钦先:《白钦先经济金融文集(第二版)》,中国金融出版社1999年版。
② 王彬:《基于系统分析的住房公积金供需均衡研究》,西安建筑科技大学结构工程系2008年博士学位论文,第86—115页。
③ 周家奎:《公积金约束、家庭类型与住宅特征需求——来自中国的经验分析》,《金融研究》2011年第7期。
④ 刘洪玉主编:《推进与完善住房公积金制度研究》,科学出版社2011年版,第37页。

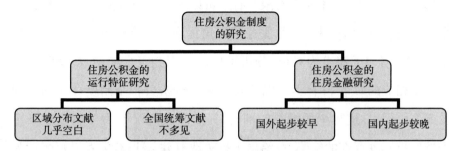

图 1.5　住房公积金制度的文献研究现状总结图

（二）住房公积金运行的文献研究

学术界对住房公积金运行的探讨取得一定成果,但定性研究得较多,定量研究得较少,且现有研究由于缺乏全国整体的实际业务数据支撑,大多以单一或部分城市为研究对象,关于全国住房公积金的整体定量实证研究则是空白。

在定性研究方面,多偏于体制层面的研究。比如,从政策、管理体制、运行机制、贷款需求和管理观念等方面分析导致公积金使用率低的原因,提出要调整住房公积金使用政策,努力拉动居民住房消费需求[1]。有研究认为现行的委托代理模式造成运行效率较低[2]。还有专家认为住房公积金的分散运营机制、属地化封闭管理体制,使得住房公积金的资金流动性风险较大,也导致资金的配置效率低下等[3]。

在定量研究方面,梳理住房公积金运行研究现有文献,主要可按研究对象、业务分项、效率机理三个角度进一步划分。

1. 研究对象角度

住房公积金运行现有文献虽也有实证研究,但如前所述,研究对象基

---

① 李楚星、刘飞鹏:《对提高住房公积金使用率的探讨》,《中国房地产金融》2002 年第6 期。

② 夏恩德、石璋铭:《住房公积金属性研究》,《经济问题》2009 年第9 期。

③ 陈杰:《住房公积金制度改革的基本思路》,《中国房地产》2009 年第12 期。

本选择单一城市,视角较为有限。有学者以陕西省为对象,对其住房公积金运行效率进行了分析,并从服务等视角提出了提高运行效率的政策措施[①];有学者以天津市为对象,分析了住房公积金资金使用效率情况,并提出了相应的政策[②];有学者以延安市为例分析公积金制度存在的问题及产生原因,并进行全面细致的剖析,提出改进建议[③];有学者以许昌市为例剖析制度存在的缺陷,并给出了有关改善建议[④];有学者以郑州市为案例,揭示出制度运行过程中存在的一些问题,并基于社会保障视角建立了运行评估体系[⑤];有学者从住房公积金资源配置的角度,借助 DEA 和 Tobit 模型,深入研究了上海市的住房公积金使用效率的程度及导致现有配置水平的相关因素[⑥]。

此外,也有学者提出住房公积金制度与现实需求的矛盾日益凸显,暴露出的各类问题表明其住房保障功能有弱化的趋势,有必要对该制度进行审视思考、改革完善,甚至重新设计[⑦]。有研究以强制储蓄理论为基础,从理论层面对住房公积金制度运行进行剖解[⑧]。有研究选取公积金缴存额等指标,建立了公积金运行效率的测算模型[⑨]。有研究基于持续

① 宋芳芳:《陕西省住房公积金运行机制与效率评价研究》,西安建筑科技大学工程经济与管理系 2012 年硕士学位论文,第 57—62 页。

② 李贵颖:《住房公积金资金使用效率研究》,天津大学工商管理系 2013 年硕士学位论文,第 16—42 页。

③ 任海丹:《公平视角下我国住房公积金问题研究》,延安大学行政管理系 2013 年硕士学位论文,第 16—37 页。

④ 朱昱萌:《住房公积金制度的公平性研究》,郑州大学社会保障系 2014 年硕士学位论文,第 47—52 页。

⑤ 于静:《郑州市住房公积金制度运行有效性评估研究》,河南大学社会保障系 2014 年硕士学位论文,第 27—50 页。

⑥ 宋金昭:《基于 DEA 的住房公积金制度运行效率实证研究》,《商业时代》2011 年第 27 期。

⑦ 余功斌、牟伟:《深化住房公积金制度改革的思考》,《中国财政》2015 年第 7 期。

⑧ 柳鹏:《中国住房公积金制度运行的有效性研究》,安徽大学西方经济学系 2012 年硕士学位论文,第 18—40 页。

⑨ 陈瑾:《论住房公积金制度的运行效率》,《建筑经济》2008 年第 1 期。

期的多目标规划模型,利用实际历史利率结构对模型有效性进行检验,在资金流动性得到满足的假设下,探讨安全性与收益性的关系①。有研究以实际资金运行效率作为研究重点,对资金运用过程中问题产生的深层次原因进行了研究和分析,并从经济学的角度提出提高资金运行效率的具体措施②。

2. 业务分项角度

现有住房公积金运行研究文献,从业务分项角度基本可划分为缴存、贷款、制度三个方面。

从缴存角度,有学者提出在规定住房公积金缴存的最高比例的前提下,应对单位与个人的缴交比例进行浮动调整,灵活变动③。有学者把缴存分为单位和个人两个部分,认为影响单位缴存额的主要因子有单位的类型、规模,影响个人缴存额的主要因子有"户籍、收入、年龄、单位性质、家庭生命周期、受教育水平"等,并针对上述九个因素提出九大假设,然后以此九个因素为解释变量,以月平均缴存额为被解释变量,分别建立单位和个人缴存的 Tobit 模型,通过回归分析得出"单位类型、单位人数"影响单位缴存额;"收入、年龄、婚姻、单位性质"影响个人缴存额,而"性别、户口以及受教育程度"与个人缴存额之间并无显著关系的结论④。还有学者针对住房公积金缴存比例,提出单位部分应高于职工部分,两者差额可进行统筹,同时制定向中低收入者倾斜的贷款使用政策⑤。

---

① 劳杰聪、刘洪玉:《住房公积金沉淀资金存款收益优化研究》,《中国房地产》2013 年第 20 期。
② 肖尧、林忠等:《委托代理理论与住房公积金的运行管理》,《中国房地产金融》2000 年第 2 期。
③ 黄庭钧:《公积金制度再创新升温》,《瞭望新闻周刊》2005 年第 12 期。
④ 夏卫兵、张攀红:《缴存者行为对住房公积金缴存额的影响研究——基于广州市的实证分析》,《社会保障研究》2013 年第 6 期。
⑤ 张维波:《完全积累的个人账户制与住房公积金的不公现象》,《中国房地产》2008 年第 2 期。

从贷款角度,有学者认为中国住房公积金制度缺乏严密的贷款标准,对借款人资格仅注重还款能力,相比收入低的人,收入高的人更易获得贷款①。有学者指出缴存职工的资金规模不影响其得到较低利率的贷款,配贷政策不利用制度本身②。

从综合业务角度,有学者剖析了制度运行效率不高的原因,并提出了针对性对策③。有学者认为,住房公积金制度发挥了住房保障作用,但由于高房价等原因,目前住房公积金制度对居民住房消费的贡献率有所下降④。有学者指出,住房公积金存在许多问题,在新的形势下要生存和发展,必须致力于改善住房条件,推动住房建设等⑤。有学者认为住房公积金的住房保障功能主要从支持住房建设和支持住房需求两个角度体现,并进行相应的制度完善⑥。还有学者指出中国住房公积金在注重资金保值增值时,应与缴存职工的住房消费能力关联⑦。

3. 效率机理角度

作为住房保障政策主体之一的住房公积金制度,能否长期有效发挥其应有的作用,受到整个制度运行过程中多种内外因素的影响,但就住房公积金资金运作角度,直接影响运行的是资金的供需关系。梳理现有住房公积金运行研究文献,从效率机理角度主要可划分为供需机制、供需均衡、供需预测三个方面。

---

① 汪利娜:《中国住房市场的三大制度缺失》,《财经科学》2010 年第 8 期。
② 李勇辉、修泽睿:《我国城镇住房制度改革对收入分配影响分析》,《当代经济研究》2005 年第 5 期。
③ 叶卫东:《住房公积金制度安排及运行的低效率研究》,《经济论坛》2008 年第 4 期。
④ 章钧:《住房公积金制度的住房保障作用研究》,上海交通大学公共管理系 2009 年硕士学位论文,第 5 页。
⑤ 王洋、胡国晶:《论如何进一步发挥住房公积金住房保障作用》,《民营科技》2009 年第 3 期。
⑥ 李燕、周勇等:《住房公积金的住房保障作用探析》,《特区经济》2010 年第 8 期。
⑦ 杨兵:《我国住房公积金制度公平性研究》,《社会保障研究》2010 年第 6 期。

在供需机制方面,国内有学者解析了住房公积金供需关系,并针对上海的供求机制问题提出了对策①;随后,有学者对供需机制进行了相对成熟的分析,从系统论的角度开拓性地采用系统动力学的方法分析住房公积金运行情况,把住房公积金运行系统分成供给、需求、余额三个子系统,需求子系统包括提取子系统和贷款子系统②。

在供需均衡方面,有学者梳理了住房公积金的供需影响因素,选取影响归集的"覆盖人数、工资水平"及"贷款本金偿还额"三个因素为自变量确定供给方程;选取影响公积金贷款的"购房面积、住房销售价格"及"提取金额"三个因素为自变量确定需求方程,再借助非均衡理论以双曲线函数方程建立非均衡模型,通过测算非均衡度来实证上海市的非均衡状况③。

在供需预测方面,有学者预测如果住房公积金按照目前的配贷机制进行贷款,在若干年后将出现归集不能满足贷款和提取需要,但是文中没有对这个问题进行深入的分析④。在此之前,有学者对此也有同样的观点⑤。还有中国人民银行《中国住宅金融报告》(2003)中采用典型事例演算法,在假设的环境中对住房公积金的运行进行模拟预测,结论与现实情况的差距较大⑥。有学者建立了一元线性回归预测模型,为 ARIMA 预测模型和人工神经网络在住房公积金领域的应用进行了积极的探索⑦。

---

① 王爱民、马国丰:《住房公积金供求机制的一般研究》,《上海金融》2003 年第 10 期。

② 王彬:《基于系统分析的住房公积金供需均衡研究》,西安建筑科技大学结构工程系 2008 年博士学位论文,第 44—85 页。

③ 宋金昭:《住房公积金供求市场的非均衡模型研究》,《商业时代》2011 年第 13 期。

④ 汪利娜:《住房公积金信贷政策与收入分配》,《中国房地产金融》2003 年第 2 期。

⑤ 王洪卫:《中国住房金融:资金筹措与风险防范机制》,上海财经大学出版社 2001 年版。

⑥ 中国人民银行、中华人民共和国建设部等:《中国住宅金融报告》,中信出版社 2003 年版。

⑦ 戴家刚:《住房公积金中沉淀资金预测模型的研究与实现》,清华大学软件工程系 2007 年硕士学位论文,第 19—48 页。

有学者应用了 NNS 模型对资金流进行预测,由于种种条件的限制,未达到预测效果①。由于供需预测事关运营风险管理,已成为政界和学术界的重要探讨课题。

经梳理发现,上述从运行效率机理角度研究的文献大多仅是针对封闭运作的弊端直接提出解决措施,未见全国住房公积金运行的效率区域分布方面的研究,也未见对我国 31 个省份住房公积金的运行效率作深入定量研究。

(三)既有研究现状及文献评述

综合前述文献梳理可知,住房公积金的研究文献总体有"制度、运行"两类主题,前者主要为运行特征及住房金融的定性分析,后者存有少量定量研究。对住房公积金运行的定量研究,在研究对象角度,现有文献多集中在住房公积金单一城市方面,以我国 31 个省份的住房公积金运行作为整体研究几乎空白;在业务分项角度,现有文献对各项业务虽有覆盖,并取得一定成果,但视角零散,系统地对全国住房公积金的运行效率定量、实证研究也是空白;在效率机理角度,现有文献能深度结合住房公积金运行实际的较少。

造成这种理论研究与实际运行的差距的原因,一方面在于制度建立时就是政策在先,运行中较少关注理论发展;另一方面由于缺乏全国的实际业务数据支撑,现有研究未能深入进行,也较难构建统一标准的住房公积金运行分析体系。

现有研究文献的现状共性,总体可以概括为如下几点。

第一,借鉴研究多,创新研究少。行业内存在理论发展与运行实践不匹配,现有的住房公积金运行效率研究缺乏方法创新或创新不足,未有效

---

① 王红、夏卫兵等:《住房公积金资金流预测的方法和应用》,《城乡建设》2015 年第 8 期。

利用跨界前沿方法,导致研究不够深入,对理论的提出、支撑和检验不充分。

第二,定性研究多,定量研究少。大多数文献以制度、机制描述性的定性研究居多,定量研究少,实证研究更少,这与能否获取数据有一定关系。

第三,分散研究多,整体研究少。研究对象视角较局部和单一,对住房公积金运行效率研究,鲜有学者以全国作为整体,从空间维度和时间维度进行全方位分析。

当然现有不同主题的文献,对住房公积金运行效率的理解仍然有帮助,对本书的研究提供了一些启示。

为更好地对全国住房公积金运行效率区域分布及效率纵深情况有一个清晰和全面的认识。本书将基于全国整体视角,运用相关理论、系列模型及方法对我国 31 个省份的住房公积金运行效率情况进行深度研究,理清全国住房公积金运行效率的区域差异及分布规律,测度及剖析某一时期的住房公积金运行效率,以为全国住房公积金运行效率相关决策提供理论支撑。

三、住房公积金运行效率界定

分析可知,国外学者的视角主要是住房金融;国内学者则从不同方面对住房公积金运行效率的问题提出不同见解,但国内研究的主要特征大多是从定性研究角度,且未能深度理论结合运行实际。

效率是永恒的主题,是经济制度运行的根本评价标准之一,也已成为国际上对公共住房政策评价的主要标准之一。国外 Stiglitz(1988)[1]、

---

[1] Stiglitz J.,"The economics of low-cost housing in developing countries", *World Bank Economic Review*, Vol.1, No.2(January 1988), pp.301–335.

Hoek-Smith 和 Diamond（2003）[1]、Buekley 等（2004）[2]、Blanc 等（2005）[3]对公共住房政策的评价标准进行了比较系统的讨论，均包含效率标准。国内不少相关研究在构建住房公积金有效性评价框架的过程中，也都将效率包含在研究框架之中[4]。一般在市场经济领域，当经济增长放缓、就业减少时，高效率的经济增长则自然成为首选目标。

但从现有成果看，住房公积金运行效率在行业中没有明确的定义，从不同角度考察住房公积金运行的效率，可以得到不同的内涵，且效率有不同侧面、不同层面。

鉴于前文所述，结合效率的基本内涵，本书得出住房公积金运行效率的基本含义，即在现有的既定技术与管理水平前提下，经住房公积金管理机构运营，住房公积金运行投入和住房公积金运行产出的关系。其中投入主要涉及缴存，产出主要涉及提取、贷款。由此本书拟从投入产出的对比角度，借助数据包络分析方法系列模型，从不同角度测度及实证分析住房公积金的运行投入产出情况。

同时，结合住房公积金实际运行特征，将住房公积金运行效率根据时间维度划分为静态效率与动态效率两个层面。静态效率是时点概念，指在某一时刻的效率情况。本书选取截至 2014 年年末我国 31 个省份住房公积金运行效率进行分析（选取这一数据截面的原因见第二章第二节）。

---

① Hoek-Smith M., Diamond D., "The design and implementation of subsidies for housing finance", *Paper Prepared for the World Bank Seminar on Housing Finance*, March 2003, pp.10-13.

② Buckley, Robert M., 2001. "Robert J. Struyk（Ed.）, Home Ownership and Housing Finance Policy in the Former Soviet Bloc: Costly Populism", Journal of Comparative Economics, Elsevier, Vol. 29(3), pp.572-576, September.

③ Blanc, David.（2005）. Economic evaluation of housing subsidy systems: a methodology with application to Morocco. The World Bank, Policy Research Working Paper Series.

④ 黄静、胡昊等:《我国住房公积金制度有效性分析》,《武汉理工大学学报（信息与管理工程版）》2009 年第 5 期。

动态效率是时段概念,是指在某一个时期的效率变化情况。本书选取全国有代表性的 S 省 16 年来的住房公积金运行效率进行分析(该省为全国最早试点建立住房公积金制度的区域),即本书的住房公积金运行效率分析视角,主要包括效率的静态、动态分析两方面。

第四节　内容结构与分析框架

一、问题提出

住房公积金运行的历程表明,住房公积金在社会、经济发展中发挥了一定作用,但随着国家社会经济环境尤其是住房市场的发展,住房公积金政策也逐步显露出在设计和运行中的一些效率问题[①]。

从空间视角看,我国 31 个省份(不含港澳台地区),由于各自的经济发展及住房产业发展水平参差不齐,当前住房公积金运行采取分散、封闭的运作模式,制度设计在跨区域流通方面又设立了限制,较多注重资金的安全导致一些省份没有资金可用,另一些省份却有大量资金沉淀积累[②]。住房公积金运行效率水平在不同省份之间存在着显著区域差异,全国横向的住房公积金运行投入产出情况不均衡[③],然而这些状况的定量测度及科学分析较为薄弱。

从时间视角看,制度经过连续多年的快速增长,纵向的投入产出情况测度也较为缺乏。由于住房公积金运行系统中投入和产出相互联系又相互影响,现实状态下,住房公积金运行的投入主要靠缴存制度的强制性推

---

① 陈杰:《中国住房公积金制度的历史、当前挑战与出路》,《中国房地产金融》2009 年第 7 期。

② 陈杰:《关于住房公积金改革的若干思考》,《中国市场》2011 年第 3 期。

③ 胡昊:《住房公积金建房的若干思考》,《中国地产市场》2009 年第 8 期。

动,住房公积金产出中的贷款则受外部因素影响①。当住房公积金投入大于产出,住房公积金积累在银行,导致住房公积金处于贬值状态;当住房公积金投入小于产出,资金保有量不足,则导致职工的提取和贷款产出无法满足。

综合上述分析,本书选取"住房公积金运行效率"为研究主题,借鉴国内外已有研究成果,搜集空间、时间两个维度数据,主要尝试从以下几个方面进行定量的实证研究。

(1)中国住房公积金运行效率的总体特征如何? 我国 31 个省份住房公积金运行效率有何区域分布规律,区域类型划分、区域差异如何?

(2)中国住房公积金运行的静态效率如何? 在空间维度上,住房公积金有 31 个省份的运行区域,如何定量测度其运行效率,其受哪些外部因素影响?

(3)中国住房公积金运行的动态效率如何? 在时间维度上,住房公积金有 30 多年的运行期,如何定量测度其发展状态,其内部机理是什么,即住房公积金运行的主体、管理机制及投入产出机制是什么? 动态效率问题的直接原因、根本体制原因是什么?

(4)中国住房公积金运行的效率如何改进? 在中短期、中长期两个维度上,分别有哪些优化对策?

在已有研究成果的基础上,本书将在行业里首次视全国住房公积金的运行为一个整体,结合住房公积金运行的实际特征,选取相应指标,创新性地从多角度、多层面对住房公积金运行效率进行系统实证研究,主要分为静态效率、动态效率,以客观揭示其客观本质和内在规律。

---

① Fan M.,Perfect and innovate housing accumulation fund system to improve Chinese urbanization,2005.

（1）在学术创新性方面,本书整合管理学、人工智能等理论跨界,如差分进化算法结合数据包络分析 DEA-CCR 模型,以经济地理视角确定住房公积金运行效率区域分布,抽象概念定量测量拓展了有关理论在经济管理领域的交叉实践空间,并采取系统化、模型化、定量化的实证研究,理论与实践深度融合,以丰富住房公积金运行理论基础。

（2）在实际指导性方面,本书分析了住房公积金运行效率总体特征及区域分布、静态效率、动态效率,基于住房公积金运行"统筹—均衡"的制度设计理念,提出了全方位、多层次的效率机制优化的对策,有利于促进住房公积金运行在新发展阶段下转型。

本书的研究问题框架如图 1.6 所示。

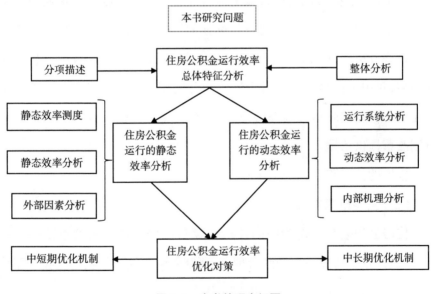

图 1.6　本书的研究问题

当前中国经济环境已进入新发展阶段,研究住房公积金运行效率,为推进其运行改革,创新其运行功能,可以为构建有中国特色的新型住房公积金制度提供理论支撑。也只有充分改进住房公积金的运行效率,才能真正实现制度转型,才能在新的历史时期,更好地发挥其在加深新型城镇化建设、提高职工住房质量方面的积极作用。

二、技术路线和研究内容

住房公积金的住房保障与金融是中国新型城镇化发展中一个不可忽视的重要内容①②③。本书结合国家住房制度改革新要求和住房市场发展的新形势,以住房公积金实际运行系统及业务数据为基础,运用管理学、经济学、统计学、社会学、政治学、系统工程以及人工智能的交叉整合理论进行客观的科学研究。

(一)研究技术路线

全书以"住房公积金运行效率总体特征"为出发点,以"横向空间上静态效率怎样、纵向时间上动态效率如何"为主线,以"总体特征分析—静态效率分析—动态效率分析—优化对策"为路径,选取多种分析方法与模型,对中国住房公积金运行的效率开展实证研究,深层次、立体式呈现住房公积金实际运行效率特征与规律,为中国住房公积金运行的效率机制改革提供依据。

本书的技术路线如图1.7所示。

(二)主要研究内容

住房公积金制度作为中国住房保障与住房金融体系的重要构成部分,其运行效率情况一直受到管理者、研究者的关注。根据以上技术路线及思路,本书主要内容为以下几个部分。

---

① 参见陈杰:《中国住房公积金制度的困境与出路(上)》,《中国房地产》2010年第5期。
② 参见[德]贝克·乌尔里希:《世界风险社会》,吴英姿、孙淑敏译,南京大学出版社2004年版。
③ 参见刘洪玉主编:《推进与完善住房公积金制度研究》,科学出版社2011年版,第37、130页。

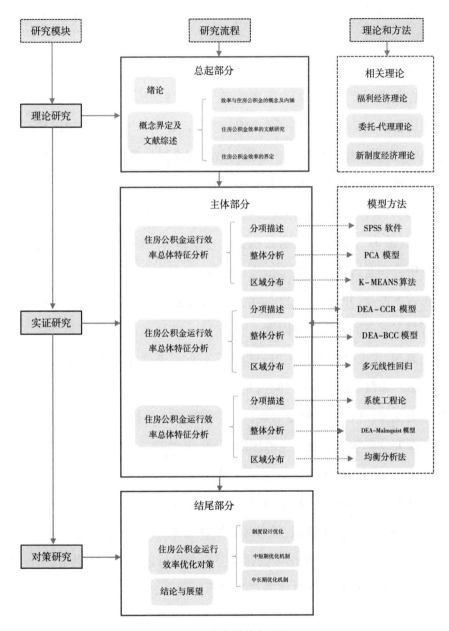

图 1.7 本书的技术路线

第一，阐述住房公积金制度的发展历史，介绍研究的相关背景及目的，确定研究技术线路、主要内容、研究方法，界定效率、住房公积金及住房公积金运行效率等相关概念及其内涵,梳理"制度、运行"有关主题研究文献。

第二,实证分析中国住房公积金运行效率的总体特征。梳理住房公积金在住房制度改革中四大发展阶段及所发挥的历史作用,并以31个省份住房公积金运行为整体研究对象,综合运用PCA模型与K-MEANS算法,从宏观层面探求住房公积金运行效率在全国的区域分布规律,分析住房公积金运行效率分布特征及省份差异。

第三,实证分析中国住房公积金制度运行的静态效率。基于空间视角,以我国31个省份的住房公积金运行数据为支撑,从投入产出角度设计住房公积金运行静态效率测度指标体系,量化全国住房公积金运行的静态效率差异,并对住房公积金运行的静态效率进行细化解析,最后寻求分析静态效率的外部影响因素。

第四,实证分析中国住房公积金运行的动态效率。首先分析住房公积金运行系统,然后基于时间视角,以S省跨时16年的住房公积金运行数据为支撑,对住房公积金的运行效率进行动态分析,最后基于均衡实证分析探究动态效率问题产生的原因。

第五,提出中国住房公积金运行的效率机制优化对策。首先解析发达国家的住房保障与住房金融体系,提出制度顶层设计优化的"统筹—均衡"路径,然后基于静态、动态效率实证结果,借鉴发达国家经验,从中短期、中长期维度分别提出中国住房公积金运行效率的优化对策,为促进住房公积金的良好运行与制度在新发展阶段下转型、改革提供一定的参考、借鉴。

住房公积金运行是个复杂的巨系统。本书尝试从全国整体的角度在横向空间与纵向时间两个视角上对住房公积金运行效率进行实证研究。这些分析是优化住房公积金健康运行定位的基础,全书将在后续的研究中秉承图 1.7 中的技术路线与整体思路开展本书的研究工作,本书内容框架如图 1.8 所示。

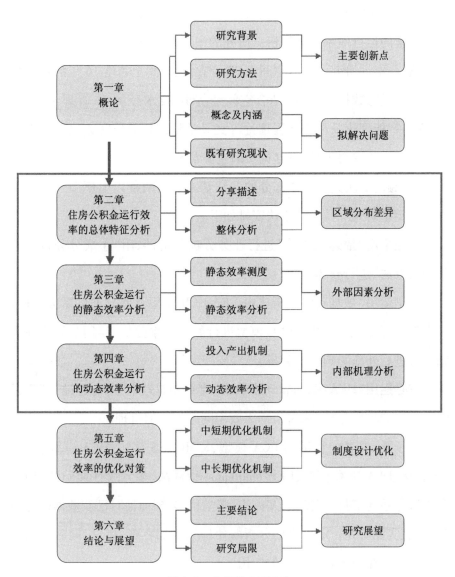

图 1.8　本书的主要内容

三、主要研究方法

将实证研究和定量研究相结合,多角度、多因素、多目标、多层次对住房公积金的运行效率予以解析。研究的主要方法概括为:

第一,实证研究。选取空间上 31 个省份、时间上跨度 16 年的住房公积金实际运行数据为支撑,结合空间经济学、技术经济学、管理学、经济学、人工智能理论及系统工程理论等交叉学科的相关研究方法作为本书实证分析中的主要工具,贯穿论文的主要章节。

第二,定量研究。主体部分的各章基本使用两种以上模型或两个维度进行定量研究。具体的方法安排如下。

一是采用"描述性统计"进行业务分项分析,采用"主成分分析与聚类分析方法"进行整体分析。

二是运用"数据包络分析法中 DEA-CCR 模型及差分进化算法"进行静态效率测度,运用 DEA-BCC 模型进行静态效率分析,运用多元线性回归方法进行外部影响因素分析。

三是运用"DEA-Malmquist 指数法"进行动态效率分析,通过"基于系统化方法的均衡分析"来解析动态效率问题的内部机理。

基于此,本书综合运用 PCA 模型、K-MEANS 算法、DEA-CCR 模型、DE 算法、DEA-BCC 模型、DEA-Malmquist 指数法、多元线性回归法、均衡分析法等系列工具,多模型、多方法、多学科、多层面地对已获数据进行信息挖掘、实证研究。定量实证分析既使研究更加客观、科学,同时也拓展了这些模型在经济管理方面的应用。

第二章 住房公积金运行效率的
总体特征分析

住房公积金在我国 31 个省、自治区、直辖市的运行效率如何？住房公积金运行效率差异性怎样？住房公积金运行效率区域分布如何？对这些问题的客观分析无疑对住房公积金运行的决策与管理是十分重要的，也是下一步住房公积金制度改革的理论参考。本章在解析中国住房公积金运行历程与成效基础上，将 31 个省份住房公积金运行作为一个整体对象，从宏观层面探究住房公积金的实际运行这一复杂巨系统，确定住房公积金运行效率在全国范围的区域类型划分及分布规律，解析住房公积金运行效率的区域差异特征。

第一节 住房公积金运行成效解析

中国住房公积金制度是历史形成并在社会发展中不断成长起来的，对推动中国住房保障与住房金融体系的构建以及改善职工住房条件均发挥了积极的作用。鉴于此，住房公积金同时具有住房保障与住房金融的"双重"性质，因此本书对其政策成效的具体解析也划分为两个方面。

一、制度住房保障主要成效

住房公积金政策在中国已实施 30 多年，这期间，制度伴随着住房制度改革历程,见证了人均居住面积的巨大转变,并在不同阶段都起到了积极作用。当前,住房公积金使用方式已由给单位发放专项建房贷款用于建造职工解困住房,发展至给职工个人提供购房资金支持,并致力于住房改善的全方位、多层次、多途径的资金支持。由于住房公积金是强制缴存的长期住房储金,其已成为目前中国住房保障体系中受益面最广的保障方式,不仅通过购房贷款在缴存者之间发挥资金互助融通作用,同时对中国的住房保障体系起到了重要支撑作用。

(一)促进改变住房消费观念

在住房公积金政策建立前,住房的供给采取的是实物福利分配的方式,在这种模式下,职工对住房的刚性需求与住房供应量的明显不足之间、职工对房屋功能性和舒适性要求的提高与由于建设资金不足造成的房屋品质不理想之间,构成两个主要矛盾。此外受计划经济思维的影响,职工对住房问题的解决大多有"等、靠、要"的心理,而要改变这样一种心理状态必须转变职工的意识[1]。

自20世纪90年代开始,住房公积金制度首先把住房建设贷款调整为个人购房消费贷款,即之前住房公积金的互助性功能是体现在发放单位建房贷款的,单位通过建房贷款获得资金,建造职工住房,然后分配给单位职工,使得职工获得缴纳住房公积金的实惠;转变之后,贷款发放的对象转移到个人,住房公积金互助性和职工缴纳住房公积金获得实惠显得更加直接,由此制度把提前住房消费的观念带给了广大住房公积金缴存职工,"用明天的钱,圆今天的住房梦"的思想也为更多职工所接受[2],从而使得20世纪90年代初以来的住房问题得到有效缓解,人均建筑面

---

① 王世联:《中国城镇住房保障制度思想变迁研究(1949—2005)》,复旦大学经济思想史系2006年博士学位论文,第24—57页。

② 何大安:《行为经济人有限理性的实现程度》,《中国社会科学》2004年第4期。

积、房屋私有率均迅速提高,这一系列的变化与住房公积金制度的作用是分不开的。

从 20 世纪末开始,我国开始探索实行货币化的住房体制,旨在促进和支持职工购房。显然,实现住房市场化的前提是要增强职工住房消费能力,但受经济社会发展等综合因素的约束,城镇单位职工的收入不可能快速大幅度提高,需要通过长期的积累①。在这样的历史背景下,住房公积金制度创造性地建立了单位和职工共同出资的缴存方式,即在不影响职工基本生活水平的基础上,逐步提高缴存比例和限额,通过强制性缴纳住房公积金的方式,使之成为职工家庭解决住房问题的重要资金来源;其强制储蓄、专项用于住房消费的特点,也调整了人们的消费结构,增加了住房市场的有效需求,为确立职工成为住房市场消费主体提供了经济基础。同时,随着住房制度改革的不断深化,住房消费的意识不断深入人心,有效地促进了职工住房观念的转变。

(二)支持改善职工住房条件

如果说意识上的转变是职工住房消费观念转变的原动力,那么住房公积金制度对职工改善住房条件能力的支持则是职工住房消费观念转变的根本保障。

新中国成立之后,我国在一段时间内曾实行指令式的计划经济体制,这也使得当时我国的住房不是市场中流通的商品,城镇职工住房由政府统一建设,统一分配,统一管理,但由于建设资金匮乏,城镇人口快速增加,导致了住房资源供不应求,供求矛盾日益突出。而且,城镇地区很多的房屋年久失修,居住品质较差,新建房屋的基础配套明显不足。改革开放之后,我国开始正式启动住房制度改革,经历了一系列的制度探索,最

---

① 徐峰、胡昊等:《住房消费中住房公积金的贡献度——以典型城市为例的实证研究》,《建筑经济》2007 年第 4 期。

终确立了住房商品化、市场化的发展道路。1991 年起,上海市试点建立的住房公积金制度,取代了职工住房问题全部依赖单位解决的传统实物分配机制,建立起国家、集体和个人三方合理负担、三位一体的融资购房新机制,在兼顾公平和效率上进步显著[①]。在过去我国城镇福利化住房体制下,住房公积金的主要功能是筹集住房建造资金,加速住房建设;在商品化住房体制下,住房公积金的主要功能则是发放低息个人购房贷款。正是因为住房公积金在这两个方面的推动,中国住房制度改革才得以顺利推进,也成功地完成了住房福利分配到住房消费市场、住房商品化的平稳过渡,最终既加快了住房建设节奏,又缓和了住房紧缺矛盾,还扩大了职工购房有效需求,并有序推进社会化购房的住房制度创新。因此,住房公积金制度在我国住房制度改革历史上具有非常重要的意义,有力地推动了我国城镇地区住房市场化改革进程,为促进城镇职工住房消费发挥了巨大的历史作用。

二、制度住房金融主要成效

在中国住房制度市场化改革的过程中,政府部门一直发挥着主导性作用,中国的住房金融是随着城镇住房制度改革产生和发展起来的。在住房商品化改革的过程中,有效的住房需求不足问题逐渐成为阻碍改革进程的梗阻。住房公积金的建立与发展,为住房市场引入了住房金融,成为继续推动住房市场化改革的重要力量,也成为中国政策性住房金融的主体形式。

(一)全面构建住房金融体系

根据《住房公积金管理条例》的相关规定,住房公积金仅限用于支持

---

① 王凌云:《试论住房公积金制度的公平问题》,《中国房地产金融》2007 年第 6 期。

符合条件的职工购买、修建、大修自用住房,职工本人及其配偶在积蓄不足以支付购、建、修自住住房的部分,依照政策条件可以申请住房公积金贷款,贷款额度与月缴存额及已缴存的住房公积金余额挂钩,且有单笔贷款最高额度和最高贷款比例限制。当职工离、退休时,可提取缴存的住房公积金本金,并可获得规定利息,本息为一次性结清。至 2021 年年末,全国住房公积金累计缴存总额达 224991.31 亿元①,是"十二五"末的 2.51 倍。相比 1994 年年底全国住房公积金累计缴存总额仅 110 亿元,到 2021 年年底已增长到近 22.49 万亿,缴存余额也达 81882.14 亿元,住房公积金缴存结构、缴存质态有显著改变。至 2021 年年末,住房公积金累计提取总额 143109.17 亿元②,占累计缴存总额的 63.61%。"十三五"期间,住房公积金年提取率在 67.98% 至 70.78% 区间;年提取额由 2016 年的 11626.88 亿元提高到 2020 年的 18551.18 亿元;5 年累计提取额达 73930.14 亿元,是"十二五"的 2.17 倍。

经过多年的探索和实践,目前我国已初步构成了公积金中心、担保公司、商业银行以及保险公司共同合作,以个人住房抵押贷款为主要业务类型的住房金融体系。其中,商业银行主要为国有控股商业银行、其他股份制商业银行等,其在与公积金中心业务合作中,受托办理个人住房抵押贷款,即主要向购买住房的职工发放住房抵押贷款的方式开展住房金融业务,该业务为单纯的中间服务,商业银行收取公积金中心的委托费用,并不承担住房公积金贷款的任何风险。

(二)全程培育住房金融发展

无论是住房生产,还是住房消费,国家都需要一个稳定、有效的住房资金与金融体系支撑。在 1999 年以前,中国住房公积金以自身的资金规

---

① 《全国住房公积金 2021 年年度报告》,住房和城乡建设部 2022 年,第 5 页。
② 《全国住房公积金 2021 年年度报告》,住房和城乡建设部 2022 年,第 7 页。

模效应,在解决住房建设资金不足,缓解住房供应紧缺矛盾等方面发挥了积极作用;在1999年以后,随着住房实物福利分配制度的停止,住房公积金的主要使用方式调整为个人住房贷款,资金投向也从生产领域转向消费范畴,制度为职工家庭进入住房商品市场提供了资金支持①。伴随着社会主义市场经济的蓬勃发展,在住房从无偿分配到商品化的进程中,在公有住房大量出售,实现了房屋的商品化和私有化过程的时候,允许职工使用个人住房公积金账户内的资金积累支付使用权变更产权的费用,使职工仅花了万余元就将原租赁的公房转变为可以上市交易的产权房,为其今后"小房换大房""旧房换新房"提供了"第一桶金"。

通过向个人发放住房公积金购房贷款,使相当数量的家庭获得了低使用成本的购房资金援助,住房公积金制度积极发挥了住房消费金融支持和互助功能,在住房商品化进程中发挥了积极作用。随着房地产市场的发展、房价的变化,适时调整公积金贷款的额度,在一定程度上缓解了部分中低收入家庭购房的压力,最大限度提高了职工的购房能力。与此同时,允许申请贷款的职工使用个人住房公积金账户的资金积累来归还每月贷款的还款额,缓解了家庭的经济压力。

随着通过住房公积金贷款进行住房消费的观念在全社会逐步普及,截至2019年年末,累计发放住房公积金个人住房贷款3620.88万笔、97959.46亿元,个人住房贷款余额55883.11亿元,个人住房贷款率85.48%②。至2020年年末,累计发放个人住房贷款3924.31万笔、111337.58亿元③,分别比上年末增长8.38%和13.66%,累计贷款总额首次跨过10万亿新台阶。个人住房贷款余额62313.53亿元,比上年末增

---

① 叶卫东:《住房公积金制度安排及运行的低效率研究》,《经济论坛》2008年第4期。
② 《全国住房公积金2019年年度报告》,住房和城乡建设部2020年,第8页。
③ 《全国住房公积金2020年年度报告》,住房和城乡建设部2021年,第11页。

长 11.51%,增幅较上年回落 0.6 个百分点。个人住房贷款率 85.31%。"十三五"期间,全国共发放个人住房贷款 1423.64 万笔、57954.19 亿元,分别比"十二五"增长 22.90% 和 66.75%。2020 年年末,累计放贷 3924.31 万笔,比"十二五"末期增长 57.01%。2020 年年末,以累计贷款总额 111337.58 亿元、贷款余额 62313.53 亿元,分别比"十二五"末增长 108.69% 和 89.61%。"十三五"年平均个人住房贷款率达 86.59%,比"十二五"年平均个人住房贷款率 67.92% 高出近 19 个百分点。中国住房金融体系也从住房公积金制度作为起点,有力地带动了商业银行发展住房消费信贷金融服务,使市场机制配置住房资源实现良性资金循环,进而有力地促进了住房产业的健康发展。

总之,住房公积金制度作为一项公共政策,其主要职能除了通过资金整合、互助实现老百姓自食其力改善住房条件的目的外,还有一项重要的职能就是配合政府对社会、经济的宏观调控需要①。通过调整住房公积金贷款政策,对住房公积金贷款规模和放贷要求的控制,从而给商业银行房地产信贷规模施加影响。宏观经济发展过缓时,通过放宽住房公积金贷款门槛、调高住房公积金贷款限额等措施,提高居民购房能力,促进住房消费,以房地产市场的繁荣发展带动宏观经济升温;反之,在房地产市场发展过热,房价增速过快时,同样也可采取对住房公积金个人贷款的发放要求和规模进行限制,实现对基本住房保障加大支持力度,对房地产市场的个人投资、投机行为严格遏止的调控。不仅如此,政府还通过对住房公积金贷款政策的调整来直接影响或间接调控商业银行房地产信贷规模和结构,使国民经济实现健康发展。

---

① 杨刚、王洪卫:《公积金制度对上海住房市场量价波动的影响研究》,《上海财经大学学报》2012 年第 1 期。

第二节　住房公积金运行效率的业务分项描述

中国住房公积金运行体制是国务院住房和城乡建设部(以下简称"住建部")和省、自治区、直辖市设监督管理机构,区市(地区、州、盟)设管理决策机构和管理运营机构,地市以下实行垂直管理,即设区市为基本管理单位。省份作为全国经济与社会发展的核心,是相对稳定的单元,处于联系国家与地市的节点位置,承担协调省内外住房公积金运行的任务。由此本书重点对省域住房公积金运行效率进行比较研究,本章继续对我国31个省份进行特征分析,先对住房公积金运行业务进行分项描述,再对其进行整体分析,以探究全国住房公积金运行效率的区域分布及其差异特征,有助于促进合理的住房公积金运行统筹,提升住房公积金运行的效率。

根据《住房公积金管理条例》(以下简称《条例》)可知,住房公积金运行的核心业务主要有住房公积金缴存(以下简称"缴存")、住房公积金提取(以下简称"提取")、住房公积金个人住房贷款(以下简称"贷款")[①]。但究竟如何评价影响住房公积金运行效率,行业里尚无统一的标准指标体系。

从住房公积金运行实际的业务外部看,中国的住房制度实行了市场化改革,住房公积金的贷款直接受宏观经济发展水平与住房产业发展水平直接影响,而直接反映宏观经济发展水平的指标有"GDP、城镇居民人均可支配收入",直接反映住房产业发展水平的指标有"住房销售总额、住宅平均销售价格"。

---

① 中华人民共和国国务院:《国务院关于修改〈住房公积金管理条例〉的决定》,中华人民共和国国务院令第 350 号, 2002 年 3 月 28 日, 见 http://www.mohurd.gov.cn/gongkai/fdzdgknr/flfg/xingzfg/200203/20020328_158961.html。

从住房公积金运行实际的业务内部看,缴存、提取、贷款三项业务中的主要指标均对住房公积金运行效率有重要影响①。基于本书界定的住房公积金运行效率视角,本章把缴存、提取、贷款三项业务中的主要指标划分为投入、产出两个方面。在投入方面,由于住房公积金制度采取的是强制缴存的制度安排模式,住房公积金的"城镇就业人数、实缴职工数"是体现住房公积金运行中政策覆盖面的重要指标,而"缴存总额、缴存余额、全年增值收益"则是反映住房公积金运行中投入执行力度的重要指标。在产出方面,在住房商品化与社会化政策下,住房公积金的主要使用方式是发放住房公积金贷款,实现其住房金融与保障作用。住房公积金贷款中的"累计发放额、个贷余额"是直接反映住房公积金运行产出执行结果的重要指标。此外,随着中央政府在住房制度改革中强调"房住不炒"和"租购并举",包括租赁住房提取在内的"提取总额"也是直接反映住房公积金运行产出执行结果的重要指标。

本书选取截至 2014 年年末我国 31 个省份住房公积金运行效率进行分析。之所以选取 2014 年住房公积金运行数据,一方面,2014 年是住房公积金制度向全国推广的 20 周年。这 20 年期间里全国住房公积金总体运行平稳,政策延续性强,外部干扰因素相对较少,住房公积金与城市住房市场的耦合性较强。为掌握这一阶段住房公积金发展情况,选择这一阶段运行数据为研究样本。另一方面,2014 年后为去库存,全国房地产调控因城施策,受阶段性政策影响,住房公积金资金流动性更紧,制度运行受干扰程度更大,波动性较强,不能真实代表制度前 20 年运行的实质。此外,本书选取截至 2014 年的住房公积金运行数据开展阶段性研究,为后续对 2014 年后的运行数据作进一步研究提供基础和参照。综上考虑,

① 《全国住房公积金 2014 年年度报告》,住房和城乡建设部 2015 年,第 3—10 页。

本书选择 2014 年住房公积金运行数据作为截面进行剖析研究。截至 2014 年年底,我国 31 个省份住房公积金运行中缴存、提取、个贷三项主要业务对应的内部指标数据以及外部指标数据如表 2.1 所示。

表 2.1　我国 31 个省份住房公积金运行内部、外部数据

省份	实缴职工数(万人)	缴存总额(亿元)	缴存余额(亿元)	提取总额(亿元)	累计发放额(亿元)	个贷余额(亿元)	全年增值收益(亿元)	城镇就业人数(万人)	GDP(亿元)	住房销售总额(亿元)	城镇居民人均可支配收入(元)	住宅平均销售价格(元/平方米)
北京	571.39	6605.12	2522.98	4082.14	3069.27	1871.81	47.56	1097.99	19500.56	2434.71	40321.00	17854
天津	226.02	2189.81	954.35	1235.46	1664.37	787.37	16.97	394.27	14370.16	1443.34	32293.57	8390
河北	494.81	2370.2	1324.47	1045.73	1169.72	791.48	24.44	762.31	28301.41	2329.12	22580.35	4640
山西	400.4	1492.58	1025.36	467.22	391.26	245.02	19.68	588.55	12602.24	625.14	22455.63	4211
内蒙古	186.94	1380.27	901.48	478.79	911.91	490.9	13.28	428.59	16832.38	874.45	25496.67	3863
辽宁	463.03	3683.33	1846.27	1837.06	2082.38	1263.93	31.57	1026.08	27077.65	3941.86	25578.17	4918
吉林	206.75	1355.1	749.58	605.52	728.72	475.41	13.31	504.13	12981.46	839.73	22274.60	4228
黑龙江	289.91	1805.84	966.82	839.02	941.77	513.22	16.10	627.56	14382.93	1305.90	19596.96	4435
上海	662.84	5215.59	2452.08	2763.51	4095.36	2012	55.98	1014.19	21602.12	3264.03	43851.36	16192
江苏	957	5874.41	2675.52	3198.89	4233.57	2443.67	47.30	2739.35	59161.75	6777.70	32537.53	6650
浙江	500.6	4874.66	2100.03	2774.63	3082.63	1779.79	41.87	1743.20	37568.49	4513.88	37850.84	11016
安徽	342.4	2579.01	1156.93	1422.08	1383.48	916.54	20.67	742.32	19038.87	2662.04	23114.22	4776
福建	313.03	2136.36	970.92	1165.44	1375.07	855.96	19.66	988.08	21759.64	3410.57	30816.37	8618
江西	221.15	1073.1	685.82	387.28	700.93	423.59	13.60	609.90	14338.5	1396.06	21872.68	4905
山东	777.88	4086.26	2198.5	1887.76	2318.36	1467.51	38.14	1719.09	54684.33	4461.07	28264.10	4797
河南	618.52	2300.51	1397.79	902.72	1176.3	805.64	23.40	1244.52	32155.86	2516.26	22398.03	3835
湖北	425.75	2326.54	1383.06	943.48	1459.34	940.36	25.78	902.58	24668.49	2310.04	22906.42	4847
湖南	433.18	1826.45	1061.95	764.5	1171.46	740.58	22.45	971.38	24501.67	2114.97	23413.99	3908
广东	1410.72	7549.56	3179.06	4370.5	2987.74	2049.83	59.20	3009.98	62163.97	7476.10	33090.05	8466
广西	241.45	1500.39	699.68	800.71	677.95	460.85	13.54	532.87	14378	1166.72	23305.38	4219

续表

省份	实缴职工数（万人）	缴存总额（亿元）	缴存余额（亿元）	提取总额（亿元）	累计发放额（亿元）	个贷余额（亿元）	全年增值收益（亿元）	城镇就业人数（万人）	GDP（亿元）	住房销售总额（亿元）	城镇居民人均可支配收入（元）	住宅平均销售价格（元/平方米）
海南	86.28	396.68	229.74	166.94	190.69	154.06	3.22	170.63	3146.46	997.00	22928.90	8633
重庆	223.91	1188.56	573.99	614.57	706.32	536.33	13.11	748.64	12656.69	2283.57	25216.13	5239
四川	510.54	3116.05	1642.6	1473.45	1542.86	1061.59	29.20	1084.65	26260.77	3308.58	22367.63	5086
贵州	201.68	889.05	537.63	351.42	614.75	430.5	8.83	381.21	8006.79	988.77	20667.07	3735
云南	247.51	1786.11	909.24	876.87	1108.34	593.18	15.51	696.34	11720.91	1192.55	23235.53	4176
西藏	21	211.1	121.89	89.21	85.54	41.8	0.57	53.44	807.67	8.85	20023.35	3883
陕西	370.33	1645.47	937.38	708.09	602.87	409.28	14.20	654.33	16045.21	1413.20	22858.37	4991
甘肃	180.67	1013.88	637.44	376.44	490.48	281.52	9.01	334.13	6268.01	418.08	18964.78	3684
青海	42.84	404.8	224.22	180.58	210.43	84.53	1.95	76.91	2101.05	146.29	19498.54	3957
宁夏	52.85	430.17	202.4	227.77	264.16	121.31	2.73	104.12	2565.06	363.60	21833.33	3917
新疆	169.15	1427.98	707.73	720.25	768.59	452.5	12.36	399.42	8360.24	710.74	19873.77	3949

注:1. 数据资料来自国家统计局《全国统计年鉴》及住房公积金年度报告经整理而得。

2. 为简练起见,本书对各省份的名称进行简化,如浙江省简称"浙江"。

运用 SPSS 软件对表 2.1 数据进行分析,可得出我国 31 个省份住房公积金运行中各项指标的极大值、极小值、均值以及标准差,见表 2.2。

表 2.2 我国 31 个省份住房公积金运行内部、外部数据描述统计量表

指标	N	极小值	极大值	均值	标准差
实缴职工数(万人)	31	21	1411	382.28	290.246
缴存总额(亿元)	31	211	7550	2410.80	1879.016
缴存余额(亿元)	31	122	3179	1192.80	786.093
提取总额(亿元)	31	89	4371	1218.00	1119.602
累计发放额(亿元)	31	86	4234	1361.50	1107.729
个贷余额(亿元)	31	42	2444	822.65	637.665

指标	N	极小值	极大值	均值	标准差
全年增值收益(亿元)	31	0.57	59.20	21.78	15.513
城镇就业人数(万人)	31	53.44	3009.98	850.02	682.309
GDP(亿元)	31	808	62164	20322.88	15597.426
住房销售总额(亿元)	31	8.85	7476.10	2183.71	1807.662
城镇居民人均可支配收入(元)	31	18964.78	43851.36	25531.79	6354.362
住宅平均销售价格(元/平方米)	31	3684	17854	6000.58	3478.974
有效的 N(列表状态)	31	—	—	—	—

根据表 2.2 可知,我国 31 个省份住房公积金运行中,实缴职工数平均为 382.28 万人,最大省份为 1411 万人,最小省份为 21 万人;缴存总额平均为 2410.8 亿,最大省份为 7550 亿,最小省份为 211 亿;提取总额平均值为 1218 亿,最大省份为 4371 亿,最小省份为 89 亿;累计发放额平均为 1361.5 亿,最大省份为 4234 亿,最小省份为 86 亿;住房销售总额最大省份为 7476.1 亿,最小省份为 8.85 亿;城镇居民人均可支配收入最大省份为 43851.36 元,最小省份为 18964.78 元。显然,住房公积金运行内部指标及外部指标在全国范围内差异显著。

图 2.1 显示了我国 31 个省份住房公积金运行中的缴存总额、提取总额、累计发放额情况。可以看到,北京、上海、江苏、浙江、广东指标较为突出。为进一步解析全国住房公积金运行情况,对住房公积金运行主要业务进行分项描述性统计分析。

一、住房公积金缴存指标比较

住房公积金缴存指标中,有缴存总额、实缴职工数、缴存余额三项指标对反映缴存业务水平较为关键。其中缴存总额反映了该省份自建立住

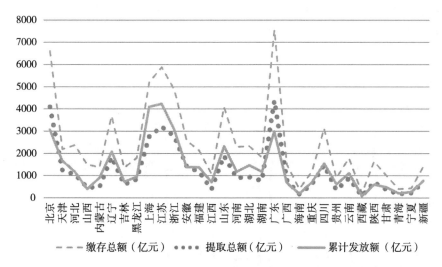

图 2.1 我国 31 个省份住房公积金缴存总额、提取总额、累计发放额比较图

房公积金制度以来,单位和职工累计缴存的资金数额;而缴存余额则反映了该省份账面留置的住房公积金总额,是一个省份资金规模大小的客观反映。

根据《条例》规定,单位和职工住房公积金的月缴存比例,均最低不小于职工上一年度月平均工资的 5%,最高不超过 12%;住房公积金的月缴存基数,原则上不能高于职工工作地上一年度职工月平均工资的 2—3 倍,且无论是单位缴存还是职工个人缴存的住房公积金,全部归职工个人所有。住房公积金管理中心应向缴存职工计付利息,利率依照人民银行规定。根据表 2.1 可知:

第一,缴存总额居于全国前十位的省份依次为广东、北京、江苏、上海、浙江、山东、辽宁、四川、安徽与河北。其中广东的缴存总额为 7549.56 亿元,超过了 7000 亿元,居全国最高;北京、江苏、上海超过了 5000 亿元;浙江、山东超过了 4000 亿元;辽宁、四川超过了 3000 亿元,全书超过 2000 亿元的有 6 个省份,超过 1000 亿元的有 12 个省份,居全国后五位的省份贵州、海南、宁夏、西藏、新疆均未超过 1000 亿元。31 个省份住房公积金缴存总额情况见图 2.2。

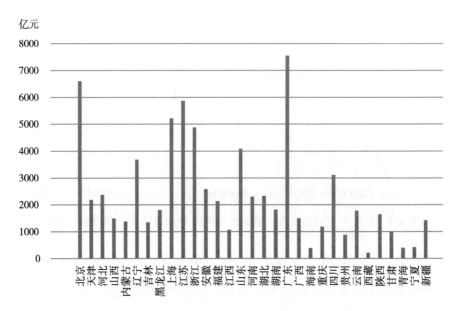

图 2.2 截至 2014 年年底我国 31 个省份住房公积金缴存总额情况

第二,实缴职工数居全国前十位的省份为广东、江苏、山东、上海、河南、北京、四川、浙江、河北、辽宁,其中全国最高的广东为 1410.72 万人,约占全国实缴职工的 12%;其次为江苏 957 万人;全国最低的为西藏 21 万人,仅为广东的 1.5%。

第三,缴存余额居全国前十位的省份依次为广东、江苏、北京、上海、山东、浙江、辽宁、四川、河南、湖北,合计约占全国缴存余额的 60%,其中全国最高的还是广东,为 3179.06 亿元,超过 3000 亿;北京、上海、江苏、浙江、山东 5 个省份超过了 2000 亿,8 个省份超过了 1000 亿,13 个省份超过了 500 亿,其余省份在 200 亿以下;全国最低的依然为西藏,为 121.89 亿元(如图 2.3 所示)。

显然,缴存业务维度的三项关键指标排序中,河北有缴存余额一项未

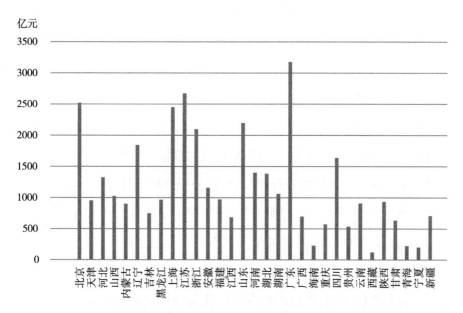

亿元

图 2.3　截至 2014 年年底我国 31 个省份住房公积金缴存余额情况

进全国前 10 位,河南有缴存总额一项未进全国前 10 位,安徽仅缴存总额一项进入全国前 10 位,湖北仅缴存余额一项进入全国前 10 位。从住房公积金运行的缴存业务维度看,三项指标均居全国前 8 位的为广东、江苏、北京、上海、山东、浙江、辽宁、四川这 8 个省份。缴存情况体现制度覆盖职工的程度差异,也反映出受益面的有限及各省份运行效率的差异。

二、住房公积金提取指标比较

《条例》及有关政策规定,缴存职工购买、大修、翻建、建造自住住房,偿还购房贷款本息,职工租赁住房符合有关条件等,可以依法申请提取本人及配偶住房公积金账户内的存储余额。与此同时,住房公积金缴存职工出境定居、离退休、完全丧失劳动能力且与单位终止劳动关系等,可提取个人住房公积金账户的全部资金。

提取使用指标中提取总额是指该省份自建立住房公积金制度以来,

职工累计提取出资金的数额。数据显示,2014 年当年住房公积金提取额为 7581.96 亿元,占全年住房公积金缴存额的 58.52%,环比增长 13.99%。其中,属于非住房消费类的提取为 1867.44 亿元,属于住房消费类的提取为 5713.52 亿元,分别占 24.63%、75.37%。截至 2014 年年末,住房公积金的提取总额为 37806.26 亿元,占住房公积金缴存总额的 50.51%。全国 31 个省份住房公积金提取总额情况如图 2.4 所示。

根据前文表 2.1 数据统计可知,住房公积金提取使用率(本年提取额占本年缴存额比例,简称"提取率")在全国平均数以上的有 14 个,低于全国平均数以上的有 17 个。4 个直辖市都在全国平均数以上,北京的提取总额大大高于上海、天津、重庆,是重庆的 6 倍多。从全国范围看,住房公积金提取率的不同,直接影响各省份住房公积金运行的效率差异。全国住房公积金提取总额情况如图 2.4 所示。

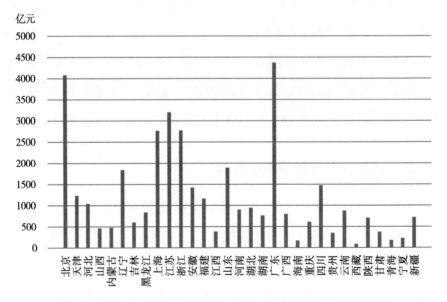

图 2.4　截至 2014 年年底我国 31 个省份住房公积金提取总额情况

三、住房公积金贷款指标比较

《条例》规定,缴存职工购、建、修自住住房,符合要求的可申请住房公积金贷款。人民银行规定贷款利率,各地住房公积金管理委员会根据实际情况确定贷款的最高额度与贷款条件。贷款业务维度中有累计发放额、个贷余额两项指标对反映贷款水平较为重要,个贷余额是指该省份住房公积金管理机构发放个人贷款总规模。

截至 2014 年年末,全国累计发放个人住房贷款 2185.85 万笔、42245.30 亿元,年末个人住房贷款余额 25521.94 亿元,个人住房贷款率(以下简称"个贷率")68.89%。从累计发放额看,有 13 个省份超过千亿元规模,其中江苏超过 4000 亿元,浙江超过 3000 亿元,广东、山东、辽宁 3 省均超过 2000 亿元。数据表明,个人住房贷款的累计发放额居全国前十位的省份依次为江苏、上海、浙江、北京、广东、山东、辽宁、天津、四川、湖北,其中全国最高的为江苏(4233.57 亿元),其次为上海(4095.36 亿元),全国最低的为西藏(85.54 亿元)。

从个贷余额上看,超过 2000 亿元规模的为江苏、广东、上海 3 个省份,超过 1000 亿元规模的为北京、浙江、山东、辽宁、四川 5 个省份,500 亿元以上规模的有 9 个,500 亿元以下规模的有 14 个。如果以 500 亿元规模为基准,500 亿元以上和以下的省份基本各占一半。个贷余额居全国前 10 位的省份依次为江苏、广东、上海、北京、浙江、山东、辽宁、四川、湖北、安徽,上述 10 个省份合计共占全国个贷余额的 62%,其中全国最高的依然为江苏(2443.67 亿元),其次为广东(2049.83 亿元),全国最低的依然是西藏(41.8 亿元)。

显然,贷款业务维度的两项指标排序中,天津有累计发放额一项进入全国前 10 位;安徽有个贷余额一项进入全国前 10 位;两项指标均居全国前8位的再次为广东、江苏、北京、上海、山东、浙江、辽宁、四川、湖北这9个省份。全国31个省份住房公积金累计发放额、个贷余额情况见图2.5。

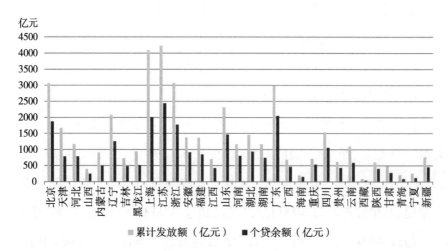

图 2.5 截至 2014 年年底我国 31 个省份住房公积金累计发放额、个贷余额情况

此外,由于2014年我国房地产市场总体上呈现出向下波动态势,全国住房公积金个人贷款也随之出现下行趋势。2015年,住建部等三部委要求各省份个贷率要逐步达到85%。四个直辖市中只有重庆达到了这一指标,天津和上海接近这一指标,北京相差10.8个百分点。其他省份中,个贷发放水平较高的是江苏,全省平均个贷率达到了91.33%。值得一提的是,在西部地区中,云南、贵州、广西的个贷率较高,山西、陕西、甘肃则较低。个贷率的显著差异,一定程度上也反映出运行效率的差异。

基于以上分析,本书根据中国住房公积金事业运行实际和行业目前的统计惯例及全国年度报告披露的基本内容,对住房公积金运行效率分析总体指标体系设置3个一级指标,25个二级指标(如表2.3所示)。

表 2.3　住房公积金运行效率分析总体指标体系

	一级指标	二级指标
住房公积金运行效率分析总体指标体系	内部绝对指标	实缴职工数
		全年缴存额
		城镇就业人数
		缴存总额
		缴存余额
		提取总额
		全年发放金额
		累计发放额
		个贷余额
		项目贷款余额
		全年增值收益
		国债余额
	内部相对指标	受益率
		保障力度
		外部关联度
		收入房价比
		个贷率
		运用率
		使用率
		市场贡献率
		增值收益率
	外部环境指标	GDP
		住房销售总额
		城镇居民人均可支配收入
		住宅平均销售价格

表 2.3 直接反映住房公积金运行效率的业务内部指标。从数据性质来看,依照绝对值和相对值区别可分为内部绝对指标、内部相对指标。

内部绝对指标中对住房公积金运行效率影响较小的指标有全年缴存额、全年发放金额、项目贷款余额、国债余额[1],原因在于前两项指标仅反映当年值,后两项指标相比之下数值较小;对住房公积金运行效率影响较大的为实缴职工数、缴存总额、缴存余额、提取总额、累计发放额、个贷余额、全年增值收益、城镇就业人数[2]。

内部相对指标是根据内部绝对指标进行组合计算得出,主要有受益率、保障力度、外部关联度、收入房价比、个贷率、运用率、使用率、市场贡献率、增值收益率等。

而与住房公积金运行密切相关,对住房公积金运行效率影响较大的社会经济外部环境指标有 GDP、住房销售总额、城镇居民人均可支配收入、住宅平均销售价格等。

第三节　住房公积金运行效率的整体分析

进入新发展阶段,我国正处于经济结构转换的关键期和深层次问题的累积释放期,简单的宏观政策调节和行政管控,难以应对基础性利益冲突和制度积累所产生的问题,基础性、全局性改革依然是解决目前住房公积金制度结构转型时期各类深层次问题的关键。在新的时代背景下,在"推进国家治理体系和治理能力现代化"框架下,需要着重解决面临的深层次结构性与体制性治理问题。住房公积金制度必须以提高治理效能为目标,建立政策性住房金融体系,通过设计出住房公积金根本性和全局性

---

① 蒋华福、王广斌:《我国住房公积金空间格局研究》,《住宅科技》2016 年第 3 期。
② 蒋华福、王广斌:《我国住房公积金空间格局研究》,《住宅科技》2016 年第 3 期。

的综合改革方案,提升住房市场韧性,健全住房市场机制,为增进民生福祉,实现全体人民住有所居、住有宜居作出更大的历史贡献。

从空间视角看,各省资源禀赋、经济发展程度、城镇化建设水平及住房产业发展状况等多个方面均参差不齐。诸多历史因素,叠加上经济、社会、文化等多重领域的变化以及各项政策实施条件的限制,住房公积金的运行效率在各省均呈现出较大的差异性。如前所述,住房公积金运行效率涉及缴存、提取、贷款等业务的多项指标,属于"多因素"问题,本章的整体分析主要为多元分析。通常多元分析的方法有"聚类分析法、主成分分析法、因子分析法、典型相关分析法、判别分析法"等,其中"因子分析法与典型相关分析法"均是在主成分分析法基础上衍生而来的方法,在运算过程中都需要从总体中抽样,并对抽样得到的数据作出假设检验,且因子分析还需要构造因子模型,这些过程都决定了该方法的运用过程较为烦琐。"判别分析法"虽相对简单、直观,但其更适用连续性随机变量,且在分析及计算中需要人为构造函数,主观性较强,因而容易造成数据处理上的偏差。

"主成分分析"(Principal Component Analysis,PCA)是本书所选取的主要方法之一。其优点是在运算时变量仅为线性变换,并不改变住房公积金运行数据之间存在的原始关系,其主成分虽是一种有偏估计,但却克服了最小二乘估计在设计时表现的不稳定性,利用相互间具有较少影响的少量指标变量即能较好反映问题本质。"聚类分析"(Cluster Analysis)是选取的方法之二。其优点是适合大数据的处理,有利于在研究中进一步探寻诸多变量之间的相似性,并将其"物以类聚",实现将不同省份运行效率予以分类。由此,综合此两类方法能成为解决本书主要研究问题(整体分析)的理想工具。

为更全方位、客观地透过单项差异探寻全国住房公积金运行效率整体差异及内在机理,下面将针对 31 个省份住房公积金数据特性,综合应用"主成分分析"和"聚类分析"等方法,定量分析住房公积金在全国的运行效率,探究其分布规律。为最大限度地保证各省份之间住房公积金运行效率同质可比,研究中将在住房公积金运行效率分析总体指标体系中整合选取各项内部绝对指标与外部环境指标建立效率分析"主成分指标体系"(见表 2.4),同时选取内部相对指标建立效率分析"聚类指标体系"(见表 2.14)。其中,前者以实缴职工数、缴存总额、缴存余额、提取总额、累计发放额、个贷余额、城镇就业人数、全年增值收益、GDP、住房销售总额、城镇居民人均可支配收入、住宅平均销售价格等作为主要分析指标;后者选取受益率、保障力度、外部关联度、收入房价比、个贷率、运用率、使用率、市场贡献率、增值收益率等作为主要分析指标。

一、住房公积金运行效率的主成分分析

(一)主成分分析法原理

主成分分析法又称主分量分析法。它通过线性变换保持变量的总方差不变,把给定的一组相关变量,重新组合成另一组不相关的变量[1],从而将复杂因素归结为几个主成分,且所含的各项信息之间互不重叠,用较少的指标去解释因变量,使复杂的问题简单化。该方法核心原理具体如下[2]:

假设存在 n 个样本,每个样本的观测数值(变量)为:$X_1, X_2, ..., X_P$,得到原始数据矩阵如式(2.1)所示:

---

[1] 黄宁:《关于主成分分析应用的思考》,《数理统计与管理》1999 年第 5 期。
[2] 李玉珍、王宜怀:《主成分分析及算法》,《苏州大学学报(自然科学版)》2005 年第 1 期。

$$X = \begin{bmatrix} x_{11} & \cdots & x_{1p} \\ \vdots & \ddots & \vdots \\ x_{n1} & \cdots & x_{np} \end{bmatrix} = (X_1 \ X_2 \ \cdots \ X_p) \tag{2.1}$$

则主成分分析法的计算步骤为：

步骤一：将逆指标变化成正指标,通常采用取负数或取其倒数的方式进行处理。

步骤二：将原始数据进行标准化处理。为尽可能地减少或避免因量纲差异而带来的研究偏误,在运用主成分分析前应对数据进行标准化处理,使得每个变量的平均值为 0,方差为 1。

对变量进行标准化处理的公式为：

$$x_{ij}^* = x_{ij} - \bar{x}_j / \sqrt{var(x_j)} \ (i = 1, 2, \cdots, n; j = 1, 2, \cdots, p) \tag{2.2}$$

其中, $\bar{x}_j$ 和 $\sqrt{var(x_j)}$ 分别是第 j 个变量的平均值和标准差。

为了便于阐述,本书假定原始数据标准化后仍然用 X 表示,那么 $X = (x_1, x_2, \cdots x_p)$ 的 P 个变量综合成 P 个新变量,新的综合变量可以由原来的变量 $x_1, x_2, \cdots, x_p$ 线性表示,即：

$$\begin{cases} y_1 = u_{11} x_1 + u_{12} x_2 + \cdots u_{1p} x_p \\ y_2 = u_{21} x_1 + u_{22} x_2 + \cdots u_{2p} x_p \\ \cdots\cdots\cdots \\ y_p = u_{p1} x_1 + u_{p2} x_2 + \cdots u_{pp} x_p \end{cases} \tag{2.3}$$

并且满足 $u_{k1}^2 + u_{k2}^2 + \cdots + u_{kp}^2 = 1$, $k = 1, 2 \cdots, p$,其中,系数 u_{ij} 由如下原则来确定：

y_i 与 y_j 互不相关 $(i \neq j)$; $(i, j = 1, 2, \cdots, p)$

y_1 是 $x_1, x_2, \cdots, x_p$ 的一切线性组合中方差最大者; y_2 是 $y_1, \cdots, y_{p-1}$ 都不相关的 $x_1, x_2, \cdots, x_p$ 方差的最大者。

步骤三:建立数据阵 X 的相关系数阵:$R=(r_{ij})_{p*p}$。

步骤四:求解 R 的特征值 $\lambda_1 \geq \lambda_2 \geq \cdots \geq \lambda_p > 0$ 与匹配的单位特征向量:

$$a_1 = \begin{bmatrix} a_{11} \\ a_{21} \\ \vdots \\ a_{p1} \end{bmatrix}, a_2 = \begin{bmatrix} a_{12} \\ a_{22} \\ \vdots \\ a_{p2} \end{bmatrix}, \cdots, a_p = \begin{bmatrix} a_{1p} \\ a_{2p} \\ \vdots \\ a_{pp} \end{bmatrix} \tag{2.4}$$

步骤五:根据累计贡献率 $M_k = \sum_{i=1}^{k} \lambda_i / \sum_{i=1}^{p} \lambda_i$ 的大小来确定主成分的个数,一般当 $M_k \geq 85\%$ 的时候,取前 K 个主成分来替代原来的 P 个指标变量的信息。其中第 i 个主成分的表达式是:

$$F_i = a_{1i} X_1 + a_{2i} X_2 + \cdots + a_{pi} X_p, (i=1,2\cdots,k) \tag{2.5}$$

步骤六:通过主成分 $F_1, F_2, \cdots, F_k$ 做线性组合,并以每个主成分 F_i 的方差贡献率 a_i 为权值,从而构建新的综合评价函数:

$$y = a_1 F_1 + a_2 F_2 + \cdots a_k F_k \tag{2.6}$$

称 y 为评价指数,依次计算出每个样品的综合分数 y,然后依这个分数的大小对所有的样品进行综合排名。

在评价经济对象时,实际往往涉及众多关系比较复杂的指标,主成分分析法就是将原来众多的指标,重新组合成一组相互无关的综合因子来替代原来的指标。在数学上,通常将原来 P 个指标作线性组合,作为新的综合因子,但若不加以限制,可能同样存在众多的相关指标,因此,若将选定的第一个线性组合即第一个综合指标记为 F_1,一般期望 F_1 尽量多地代表初始指标信息,通常用方差表示,即 $VAR(F_1)$ 值越大,说明 F_1 包括的信息越多。可见在全部线性组合中,F_1 应当是方差最大的综合指标,并命名为第一主成分。

如若第一主成分 F_1 不能完全反映 P 个初始指标的信息，再考虑选择 F_2，即选取第二个线性组合，为了避免指标的相关性，F_2 不包含 F_1 已有的信息，即 $COV(F_1, F_2) = 0$，称 F_2 为第二主成分，同理可得第三个、第四个，直到第 P 个主成分，P 个主成分之间不但不相关，并且几个主成分的方差也呈现逐次递减的趋势特征。因此在实际应用中，可以从众多的指标中选择主成分，剔除对经济过程影响过弱或相关性过大的成分，根据对主成分的重点分析，对初始变量予以科学准确的度量、分析和评价。

（二）指标体系建立

根据住房公积金的缴存、提取、贷款运行业务分项描述及分析可知，住房公积金运行效率影响较大的内部绝对指标有 8 个，具体为：实缴职工数、缴存总额、缴存余额、提取总额、累计发放额、个贷余额、全年增值收益、城镇就业人数。对住房公积金运行效率影响较大的外部环境指标有 4 个，具体为：国内生产总值（GDP）、住房销售总额、城镇居民人均可支配收入、住宅平均销售价格。在此基础上，借鉴主成分分析的相关原理与理论，本书确定上述 12 个指标用以建立全国住房公积金运行效率的主成分分析指标体系（如表 2.4 所示）。

表 2.4　全国住房公积金运行效率的主成分分析指标体系

X_1	实缴职工数	X_7	全年增值收益
X_2	缴存总额	X_8	城镇就业人数
X_3	缴存余额	X_9	国内生产总值（GDP）
X_4	提取总额	X_{10}	住房销售总额
X_5	累计发放额	X_{11}	城镇居民人均可支配收入
X_6	个贷余额	X_{12}	住宅平均销售价格

　　首先,国内生产总值(GDP)这一指标反映的是一个省份经济运行水平或经济发展程度的高低,对住房公积金的运行效率有重要的影响;其次,住房销售总额和住宅平均销售价格这两个指标能够有效反映一个省份住房的运行水平,对住房公积金的运行效率也有较重要的影响;再次,城镇就业人数与城镇居民人均可支配收入这两项指标反映了一个省份的职工规模及该省份内部城镇居民的基本经济状况,前者会影响住房需求总量,后者将直接影响职工家庭购房的决策,从而影响住房公积金的使用。

　　最后,住房公积金运行的缴存、提取、贷款这三方面业务内部指标,直接反映住房公积金内部的运行质量。具体为:

　　1. 缴存

　　实缴职工数——反映当年实际汇缴、补缴住房公积金的职工人数;

　　缴存总额——反映截至年度末住房公积金的累计缴存金额;

　　缴存余额——反映截至年度末缴存总额扣除累计提取额后的金额;

　　全年增值收益——反映当年实际增值收益金额。

　　2. 提取

　　提取总额——反映截至年度末职工的累计提取的住房公积金金额。

　　3. 贷款

　　累计发放额——反映截至年度末累计发放的个人住房贷款金额;

　　个贷余额——反映截至年度末累计发放且尚未归还的个人住房贷款金额。

　　为研究影响住房公积金运行效率的这些指标之间的关系,本书将引入皮尔森相关指数(Pearson Correlation Coefficient)进行分析。皮尔森相关指数是一种线性相关系数,用来表明两个变量线性相关程度的统计量[1]。其

──────────

[1]　杨永恒、胡鞍钢等:《基于主成分分析法的人类发展指数替代技术》,《经济研究》2005年第7期。

中 n 为样本量,相关系数用 r 表示,r 描述的是两个变量间线性相关强弱的程度,r 的绝对值越大表明相关性越强[1]。其公式为:

$$r_{xy} = \sum Z_x Z_y / N = \sum (X - \bar{X})(Y - \bar{Y}) / N * S_x S_y$$

$$= \sum (X - \bar{X})(Y - \bar{Y}) / (\sqrt{\sum_{i=1}^{n} (X_i - \bar{X})^2})(\sqrt{\sum_{i=1}^{n} (Y_i - \bar{Y})^2}) \quad (2.7)$$

(三)运行效率水平分类的判断标准

对住房公积金运行效率水平的判断标准采用"系统化方法",即根据有关并列的客观原则,如多数、半数、少数、均数等规则,分别明确某指标的判断准则,然后将各种结果综合成一个反映决策人价值和专家智慧的判断准则。本章采用住房公积金偏好多数原则的思路是,研究的住房公积金运行总体上是稳定的、健康的,各省份的运行效率指标在大部分年份均为正常,将指标 X 的 3/4 年份的区间作为正常区间。

其表达式为:$P\{|X - \mu| < x_i\} = 0.75$,由正态分布计算得出,$x_i = 0.89\sigma$,则指标 X 的正常区间为:$(\mu - 0.89\sigma, \mu + 0.89\sigma)$。研究中,根据住房公积金运行的状况,以各定量指标为研究对象,分析各省份效率水平的变动情况,由于 X 的范围在 $(\mu - 0.89\sigma, \mu + 0.89\sigma)$,全国各省份的住房公积金运行效率水平是不平衡的,相差的梯度比较大。设住房公积金运行效率水平分为高、较高、中等、较低、低 5 个层次,则层次之间间隔应为:

$$\{(\mu + 0.89\sigma) - (\mu - 0.89\sigma)\} / (5 - 1) = 0.45\sigma$$

X 表示各个省份效率水平,而 μ 是 X 的数学期望值。σ 为 X 的标准差,因此得出各省份运行效率水平综合得分的高低分布(如表 2.5 所示)。

---

[1]　叶双峰:《关于主成分分析做综合评价的改进》,《数理统计与管理》2001 年第 2 期。

表 2.5　运行效率水平综合得分高低分布

类别	住房公积金运行效率水平	指标范围
第一类	高值区	$X > \mu + 1.78\sigma$
第二类	较高值区	$\mu + 0.34\sigma < X < \mu + 1.78\sigma$
第三类	中等值区	$\mu - 0.65\sigma < X < \mu + 0.34\sigma$
第四类	较低值区	$\mu - 1.18\sigma < X < \mu - 0.65\sigma$
第五类	低值区	$X < \mu - 1.18\sigma$

（四）实证分析

1. 数据标准化处理

运用 Matlab 软件对表 2.1 运行数据进行标准化处理,得到我国 31 个省份住房公积金运行的内部与外部数据标准化数据(如表 2.6 所示)。而且,需要指出的是,表 2.6 中标准化后的数据,每个变量的平均值为 0,且其方差为 1。

表 2.6　我国 31 个省份住房公积金运行效率分析数据标准化

省份	实缴职工数（万人）	缴存总额（亿元）	缴存余额（亿元）	提取总额（亿元）	累计发放额（亿元）	个贷余额（亿元）	全年增值收益（亿元）	城镇就业人数（万人）	GDP（亿元）	住房销售总额（亿元）	城镇居民人均可支配收入（元）	住宅平均销售价格（元/平方米）
北京	0.65	2.23	1.69	2.56	1.54	1.65	1.66	0.36	-0.05	0.14	2.33	3.41
天津	-0.54	-0.12	-0.30	0.02	0.27	-0.06	-0.31	-0.67	-0.38	-0.41	1.06	0.69
河北	0.39	-0.02	0.17	-0.15	-0.17	-0.05	0.17	-0.13	0.51	0.08	-0.46	-0.39
山西	0.06	-0.49	-0.21	-0.67	-0.88	-0.91	-0.14	-0.38	-0.49	-0.86	-0.48	-0.51
内蒙古	-0.67	-0.55	-0.37	-0.66	-0.41	-0.52	-0.55	-0.62	-0.22	-0.72	-0.01	-0.61
辽宁	0.28	0.68	0.83	0.55	0.65	0.69	0.63	0.26	0.43	0.97	0.01	-0.31
吉林	-0.60	-0.56	-0.56	-0.55	-0.57	-0.54	-0.55	-0.51	-0.47	-0.74	-0.51	-0.51
黑龙江	-0.32	-0.32	-0.29	-0.34	-0.38	-0.49	-0.37	-0.33	-0.38	-0.49	-0.93	-0.45
上海	0.97	1.49	1.60	1.38	2.47	1.87	2.20	0.24	0.08	0.60	2.88	2.93

续表

省份	实缴职工数（万人）	缴存总额（亿元）	缴存余额（亿元）	提取总额（亿元）	累计发放额（亿元）	个贷余额（亿元）	全年增值收益（亿元）	城镇就业人数（万人）	GDP（亿元）	住房销售总额（亿元）	城镇居民人均可支配收入（元）	住宅平均销售价格（元/平方米）
江苏	1.98	1.84	1.89	1.77	2.59	2.54	1.64	2.77	2.49	2.54	1.10	0.19
浙江	0.41	1.31	1.15	1.39	1.55	1.50	1.30	1.31	1.11	1.29	1.94	1.44
安徽	-0.14	0.09	-0.05	0.18	0.02	0.15	-0.07	-0.16	-0.08	0.26	-0.38	-0.35
福建	-0.24	-0.15	-0.28	-0.05	0.01	0.05	-0.14	0.20	0.09	0.68	0.83	0.75
江西	-0.56	-0.71	-0.64	-0.74	-0.60	-0.63	-0.53	-0.35	-0.38	-0.44	-0.58	-0.31
山东	1.36	0.89	1.28	0.60	0.86	1.01	1.05	1.27	2.20	1.26	0.43	-0.35
河南	0.81	-0.06	0.26	-0.28	-0.17	-0.03	0.10	0.58	0.76	0.18	-0.49	-0.62
湖北	0.15	-0.04	0.24	-0.25	0.09	0.18	0.26	0.08	0.76	0.07	-0.41	-0.33
湖南	0.18	-0.31	-0.17	-0.41	-0.17	-0.13	0.04	0.18	0.27	-0.04	-0.33	-0.60
广东	3.54	2.73	2.53	2.82	1.47	1.92	2.41	3.17	2.68	2.93	1.19	0.71
广西	-0.49	-0.48	-0.63	-0.37	-0.62	-0.57	-0.53	-0.46	-0.38	-0.56	-0.35	-0.51
海南	-1.02	-1.07	-1.23	-0.94	-1.06	-1.05	-1.20	-1.00	-1.10	-0.66	-0.41	0.76
重庆	-0.55	-0.65	-0.79	-0.54	-0.59	-0.45	-0.56	-0.15	-0.49	0.06	-0.05	-0.22
四川	0.44	0.38	0.57	0.23	0.16	0.37	0.48	0.34	0.38	0.62	-0.50	-0.26
贵州	-0.62	-0.81	-0.83	-0.77	-0.67	-0.61	-0.83	-0.69	-0.79	-0.66	-0.77	-0.65
云南	-0.46	-0.33	-0.36	-0.30	-0.23	-0.36	-0.40	-0.23	-0.55	-0.55	-0.36	-0.52
西藏	-1.24	-1.17	-1.36	-1.01	-1.15	-1.22	-1.37	-1.17	-1.25	-1.20	-0.87	-0.61
陕西	-0.04	-0.41	-0.32	-0.46	-0.68	-0.65	-0.49	-0.29	-0.27	-0.43	-0.42	-0.29
甘肃	-0.69	-0.74	-0.71	-0.75	-0.79	-0.85	-0.82	-0.76	-0.90	-0.98	-1.03	-0.67
青海	-1.17	-1.07	-1.23	-0.93	-1.04	-1.16	-1.28	-1.13	-1.17	-1.13	-0.95	-0.59
宁夏	-1.13	-1.05	-1.26	-0.88	-0.99	-1.10	-1.23	-1.09	-1.14	-1.01	-0.78	-0.60
新疆	-0.73	-0.52	-0.62	-0.44	-0.54	-0.58	-0.61	-0.66	-0.77	-0.81	-0.89	-0.59

2. 相关性检验

（1）相关系数矩阵

经过计算，表 2.7 报告了 12 个指标的相关系数矩阵。从表 2.7 相关系数矩阵中的相关系数可以看出，所选的 12 个评价指标相关性强，说明它们存在表达内容上的重复,也表明要进行的指标筛选是可通过运用主成分分析法实现。

表 2.7　住房公积金运行评价指标相关系数矩阵

指标	指标的相关性系数
X_1	0.2812
X_2	0.5522
X_3	0.3408
X_4	1.0481
X_5	0.6376
X_6	0.5252
X_7	0.4411
X_8	0.2820
X_9	0.1704
X_{10}	0.3602
X_{11}	0.1576
X_{12}	0.4821

（2）因子贡献率

通过 Matlab 运算,可得到因子贡献率表,如表 2.8 所示。

而且,表 2.8 中的贡献率为每个变量对总体的方差贡献率,即:

$$L_k = \lambda_i / \sum_{i=1}^{p} \lambda_i$$

它可以初步表示各因素对整体的影响程度,也意味着住房公积金运行效率分析中各指标所包含的整体信息的权重,由表 2.8 可知,前两名综合因子的贡献率分别是 70.45%、19.96%,累计贡献率达到 90.41%,超过 85%,因此,选择此两类因素作为综合因子,就可以较好地代表原始变量。

表 2.8　因子贡献率表

变量	贡献率(%)	累计贡献率(%)
1	0.7045	0.7045
2	0.1996	0.9041
3	0.0331	0.9372
4	0.0251	0.9623
5	0.0151	0.9774
6	0.0093	0.9867
7	0.0052	0.9919
8	0.0039	0.9958
9	0.0020	0.9979
10	0.0013	0.9992
11	0.0002	0.9994
12	0.0006	1.0000

(3)因子载荷矩阵

通过对因子负荷矩阵分析,可以发现:

公因子一 F_1 负荷比较大的是 X_2、X_3、X_6、X_7,也就是缴存总额、缴存余额、个贷余额、全年增值收益这 4 个内部指标上载荷较大,即对住房公积金的运行效率水平影响较大;

公因子二 F_2 负荷比较大的是 X_8、X_9、X_{10},也就是城镇就业人数、GDP、住房销售总额这 3 个外部指标上载荷较大,即对住房公积金的运行效率水平影响较大;

其中,主成分载荷即是主成分与变量 X 之间的相关系数,如表 2.9 所示。

表 2.9　因子载荷矩阵

指标	F_1	F_2
X_1	0.8473	0.3848
X_2	0.9623	−0.1290
X_3	0.9700	−0.0157
X_4	0.9170	−0.1950
X_5	0.8821	−0.2477
X_6	0.9474	−0.1116
X_7	0.9540	−0.1710
X_8	0.8449	0.4834
X_9	0.7411	0.6071
X_{10}	0.8119	0.4824
X_{11}	0.5952	−0.6915
X_{12}	0.4074	−0.8812

3. 计算因子得分

根据模型中的公式 $F_i = a_{1i}X_1 + a_{2i}X_2 + \cdots + a_{pi}X_p, (i = 1, 2 \cdots, k)$ 计算我国 31 个省份的 F_1、F_2 的结果,如表 2.10 所示。

表 2.10　我国 31 个省份住房公积金运行效率主成分指标的因子得分

省份	F_1	F_2
北京	4.9337	−3.7559
天津	−0.4205	−1.4808
河北	0.0667	0.7439
山西	−1.6808	0.2899
内蒙古	−1.7078	−0.0258
辽宁	1.8016	0.4384
吉林	−1.9039	0.1066
黑龙江	−1.3769	0.4003

省份	F_1	F_2
上海	5.0836	−3.5095
江苏	6.9298	1.3514
浙江	4.3827	−1.1374
安徽	−0.0578	0.3012
福建	0.2966	−0.5180
江西	−1.8881	0.2605
山东	3.5683	1.5080
河南	0.4155	1.3674
湖北	0.1855	0.5420
湖南	−0.3582	0.7944
广东	8.2966	1.6509
广西	−1.7078	0.1495
海南	−3.1427	−0.8519
重庆	−1.5098	0.1080
四川	1.0764	0.7608
贵州	−2.4838	0.2457
云南	−1.2875	0.0640
西藏	−3.9766	−0.1439
陕西	−1.3771	0.3179
甘肃	−2.7333	0.2159
青海	−3.7277	−0.0863
宁夏	−3.5328	−0.1974
新疆	−2.1638	0.0904

根据表 2.10 和贡献率表 2.8,得到综合得分的公式:

$$Y = 0.7045 * F_1 + 0.1996 * F_2 \tag{2.8}$$

根据公式 2.8,可以得到我国 31 个省份住房公积金运行效率水平的综合得分,如表 2.11 所示。

表 2.11 我国 31 个省份住房公积金运行效率水平综合得分

省份	运行效率水平综合得分
北京	5.00
天津	5.55
河北	-0.07
山西	-2.90
内蒙古	-1.42
辽宁	-1.24
吉林	-1.61
黑龙江	-1.23
上海	6.65
江苏	4.77
浙江	3.84
安徽	-0.11
福建	2.74
江西	-1.60
山东	0.39
河南	0.14
湖北	0.05
湖南	-0.42
广东	-0.10
广西	-1.45
海南	-1.19
重庆	1.39
四川	0.75
贵州	-2.11
云南	-1.10
西藏	-3.28
陕西	-2.42

省份	运行效率水平综合得分
甘肃	-2.33
青海	-3.09
宁夏	-1.46
新疆	-1.84

4. 计算运行效率水平类别判断标准

根据运行效率水平综合得分结果(如表 2.11 所示),计算得到 $\mu = 0.07$, $\sigma = 2.69$,进而代入运行效率水平综合得分高低分布表,可得出各省住房公积金运行效率水平综合得分类别判断标准(如表 2.12 所示),即相应类别的临界值。

表 2.12　运行效率水平综合得分类别判断标准

类别	住房公积金运行效率水平	标准
第一类	高值区	X >4.9
第二类	较高值区	1< X <4.9
第三类	中等值区	-1.7<X<1
第四类	较低值区	-3.1<X<-1.7
第五类	低值区	X<-3.1

5. 判断运行效率水平结果

依据表 2.12 所列出的运行效率水平综合得分类别判断标准,研究中将得分大于 4.9 的归为一类,大于 1 小于 4.9 的归为一类,小于 1 大于-1.7 的归为一类,小于-1.7 大于-3.1 的归为一类,小于-3.1 的归为一类,即可得到我国 31 个省份住房公积金运行效率水平分类表(如表 2.13 所示)。

表 2.13　我国 31 个省份住房公积金运行效率水平分类

类别	住房公积金 运行效率水平	省份
第一类	高值区(>4.9)	北京、天津、上海
第二类	较高值区(1,4.9)	浙江、福建、江苏、重庆
第三类	中等值区(−1.7,1)	广东、河北、辽宁、吉林、黑龙江、湖南、安徽、 江西、海南、云南、内蒙古、新疆、宁夏、贵州、 山东、湖北、四川、河南、广西
第四类	较低值区(−3.1,−1.7)	陕西、山西、甘肃、青海
第五类	低值区(<−3.1)	西藏

第一类的省份为北京、天津和上海,其住房公积金运行效率得分情况由图 2.6 所示。其中,北京的得分为 5.0,天津的得分为 5.55,上海的得分为 6.65,这三个省份的得分都超过 4.9,平均得分为 5.73,远高于全国平均得分值,说明这 3 个省份住房公积金运行效率处于高的水平。

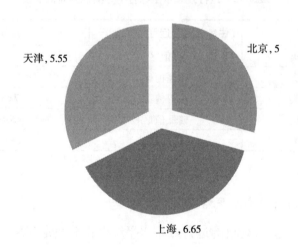

图 2.6　第一类省份住房公积金运行效率得分

第二类的省份有浙江、福建、重庆、江苏,其住房公积金运行效率得分情况由图 2.7 所示。各省份住房公积金运行效率得分主要集中在 1 到 4.9 之间,浙江为 3.84,福建为 2.74,重庆为 1.39,江苏为 4.77。平均得分为3.19,比全国平均值高出较多,从全国范围看,这4个省份住房公积金运行效率处于较高的水平。

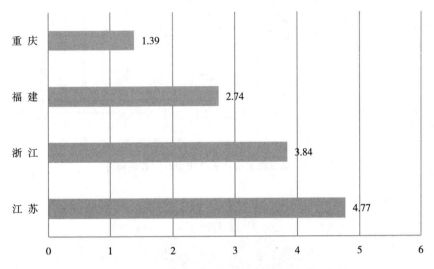

图2.7 第二类省份住房公积金运行效率得分

第三类省份主要有广东、河北、辽宁、吉林、黑龙江、湖南、安徽、江西、海南、云南、内蒙古、新疆、宁夏、贵州、山东、湖北、四川、河南、广西19个省份,其住房公积金运行效率得分情况如图2.8所示。该19个省份住房公积金运行效率平均得分为-0.82,略低于全国平均值,处于中等水平区间。

第四类省份有陕西、山西、甘肃、青海,其住房公积金运行效率得分情况如图2.9所示。这些省份的得分都低于-1.7,平均得分为-2.69,比全国平均值低较多,说明这4个省份住房公积金运行效率处于较低的水平。

第五类省份为西藏,其住房公积金运行效率得分为-3.28,远低于全国平均水平,说明该省份住房公积金运行效率处于全国的低水平。

二、住房公积金运行效率的聚类分析

主成分分析能进行因素筛选生成新的综合指标,它通过一定的数据

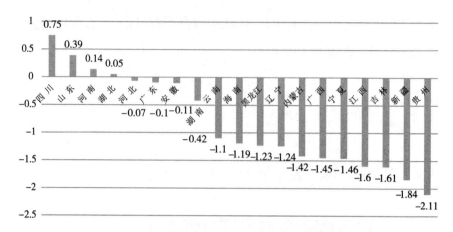

图 2.8　第三类省份住房公积金运行效率得分

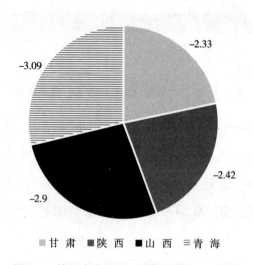

　　■甘肃　■陕西　■山西　▤青海

图 2.9　第四类省份住房公积金运行效率得分

计算,并进行相关数据信息的提取分析,得到能反映主体一定比例
(85%—95%)信息的指标,即主成分,而将另外一些包含数据比较少的指
标忽略,这就导致使用该方法在解决现实问题时会存在一定的局限性,可
能会造成分析结果的有偏估计。为克服这一研究局限,以及增强研究的
客观性和验证主成分分析结论,本章将选取其他方法进行进一步的实证
检验与分析。

考虑到聚类分析方法可实现各个指标由粗到细的多种分类情况,在处理的过程中能考虑所有指标对总体的影响。由此,后面再利用聚类分析方法来进行检验、优化及深化,以进一步揭示全国住房公积金运行效率水平省份差异,并为统筹全国住房公积金运行规划及提出相关战略决策提供参考依据。本章的聚类分析中依然以 31 个省份为研究对象,选取各项相对值指标,以 K-means 算法为模型,以 Matlab 软件为技术平台构建住房公积金运行效率的聚类分析指标体系。

(一)K-means 算法原理

K-means 聚类算法是分别由 Steinhaus(1955)、Lloyed(1957)、Ball 和 Hall(1965)、McQueen(1967)[1]在各自不同的科学研究领域独立提出的。K-means 聚类算法被提出来后,在诸多学科范畴里被普遍应用,并演化出不少其他的改进算法[2][3][4][5][6][7][8][9]。即便 K-means 聚类算法已被提出几

---

① McQueen J., "Some methods for classification and analysis of mutivariate observations", *Proc.5th Berkeley symposium*, *Math Statistics and Probability*, Vol.1, 1967, pp.281-296.

② Jain AK., "Data clustering:50 years beyond K-means", *Pattern Recognition Letters*, Vol.31, No.8(June 2010), pp.651-666.

③ Isa NAM., Mamat WMFW., "Clustered-Hybrid Multilayer Perceptron network for pattern recognition application", *Applied Soft Computing*, Vol.11, No.1(January 2011), pp.1457-1466.

④ Du KL., "Clustering:A neural network approach", *Neural Networks*, Vol.23, No.1(January 2010), pp.89-107.

⑤ Banerjee A., Dhillon I., Ghosh J., et al, "A generalized maximum entropy approach to Bregman co-clustering and matrix approximation", *Journal of Machine Learning Research*, Vol.8, No.8(August 2007), pp.1919-1986.

⑥ Amini A., Teh YW., Saboohi H., "On Density-Based Data Streams Clustering Algorithms:A Survey", *Journal of Computer Science and Technology*, Vol.29, No.1(January 2014), pp.116-141.

⑦ Ronquist F., Huelsenbeck JP., "MrBayes:Bayesian phylogenetic inference under mixed models", *Bioinformatics*, Vol.19, No.12(August 2003), pp.1572-1574.

⑧ Johnson SC., "Hierarchical clustering schemes", *Psychometrika*, Vol.32, No.3(September 1967), pp.241-254.

⑨ Jain AK., Murty MN., Flynn PJ., "Data clustering:A review", *ACM Computing Surveys*, Vol.31, No.3(September 1999), pp.264-323.

十年,在当前依然是空间聚类方法中应用最广泛的方法[1][2][3][4][5][6][7],其容易实施、高效、成功的应用案例和经验是其仍然是主流方法的主要原因。空间聚类的准则是将特性近似的空间实体数据归类到不同的组中,在不同组间的差异尽量大,而在组内的差异尽量小[8]。

K-means 聚类算法的原理是,如果有一组 n 个数据的集合 $X = \{x_1, x_2, \cdots, x_n\}$ 待聚类。K 均值聚类问题是要将 X 划分为 k 个类簇 $C_j, j = 1, 2, \cdots, k$,其中每一个类簇的中心为 m_j,$j = 1, 2, \cdots, k$,使目标函数 $J = \sum_{j=1}^{k} \sum_{x_i \in C_j} d(x_i, m_j)$ 最小。其中,$d(x_i, m_j)$ 表示 x_i 到 m_j 的距离,$i = 1, 2, \cdots, n$,$m_j = \frac{1}{N_j} \sum_{x_i \in C_j} x_i$,$N_j$ 为第 j 个类簇中实体的数目[9]。

本质上,聚类算法是按描述事物性质的变量之间的"亲近"程度进行分类的一种方法,性质相近的事物归为一类,同一类别内的个体拥有尽可能高的同质性;性质不相近的事物不能归为一类,类别之间具有尽可能高

① Jain AK., Duin RPW., Mao JC., "Statistical pattern recognition: A review", *IEEE Transactions on Pattern Analysis and Machine Intelligence*, Vol.22, No.1(January 2000), pp.4–37.

② Cai R., Zhang Z., Tung AKH., et al, "A general framework of hierarchical clustering and its applications", *Information Sciences*, Vol.272, No.C(July 2014), pp.29–48.

③ Mulder De W., "Optimal clustering in the context of overlapping cluster analysis", *Information Sciences*, Vol.223(February 2013), pp.56–74.

④ Kumar M., Patel NR., "Clustering data with measurement errors", *Computational Statistics & Data Analysis*, Vol.51, No.12(August 2007), pp.6084–6101.

⑤ Joshi M., Lingras P., Rao CR., "Correlating Fuzzy and Rough Clustering", *Fundamenta Informaticae*, Vol.115, No.2–3(April 2012), pp.233–246.

⑥ Ghaemi R., Sulaiman bin N., Ibrahim H., et al, "A review: accuracy optimization in clustering ensembles using genetic algorithms", *Artificial Intelligence Review*, Vol.35, No.4(January 2011), pp.287–318.

⑦ Zhu L., Cao L., Yang J., et al, "Evolving soft subspace clustering", *Applied Soft Computing*, Vol.14, Part B(January 2014), pp.210–228.

⑧ 李德仁、王树良等:《论空间数据挖掘和知识发现的理论与方法》,《武汉大学学报(信息科学版)》2002 年第 3 期。

⑨ 邹志文、朱金伟:《数据挖掘算法研究与综述》,《计算机工程与设计》2005 年第 9 期。

的异质性;其分析步骤为①:

第一,在 n 个数据中任选 k 个对象作为初始聚类中心,而对剩余对象,依据其与聚类中心的近似度,分别把它们分配给最近似的聚类;

第二,重新计算每个所获新聚类的聚类中心,反复循环这一过程直到标准测度函数不再变化为止,通常均采纳均方差作为标准测度函数,目标是各聚类内部尽量紧凑,而各聚类外部尽量分开。上述所述步骤见图 2.10。

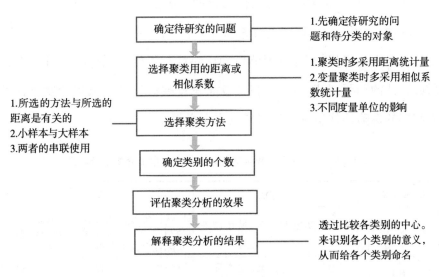

图 2.10　聚类分析步骤

(二)指标体系建立

正如前文所述,主成分分析能反映主体 85%—95%的信息,忽略一些包含数据比较少的影响因素,为克服不足,也为增强研究的客观性及验证主成分分析结论,在选取聚类方法时将选取表 2.3 中 9 个内部相对指标。

---

① 汤效琴、戴汝源:《数据挖掘中聚类分析的技术方法》,《微计算机信息》2003 年第 1 期。

即在主成分分析指标体系(见表 2.4)中 12 个指标基础上再增加对住房公积金运行效率影响较小的 4 个内部绝对指标:全年缴存额、全年发放金额、国债余额、项目贷款余额(见表 2.3),使得覆盖全部内部绝对指标和外部环境指标,再对这 16 个指标进行组合,构建由 9 个相对值指标组成的全国住房公积金运行效率水平的聚类分析指标体系(如表 2.14 所示),以进一步全面、客观反映全国住房公积金运行效率水平的区域分布与差异性。

其中,全年缴存额指当年实际缴存的住房公积金金额,反映当年实际缴存的住房公积金金额,即当年的资金规模;全年发放金额反映当年实际发放的个人住房贷款金额;国债余额反映截至年度末累计购买且尚未兑付或转让的购买国债余额;项目贷款余额反映截至年度末累计发放且尚未归还的保障性住房试点项目贷款本金金额。

表 2.14　全国住房公积金运行效率水平的聚类分析指标体系

指标名称	计算方法	指标含义
受益率	受益率＝实缴职工数/城镇就业人数	反映住房方面衡量职工从住房公积金制度中能够受益的规模,即制度实际社会覆盖程度
保障力度	保障力度＝缴存总额/实缴职工数	反映住房公积金制度在住房方面能给职工提供的保障能力
外部关联度	外部关联度＝全年缴存额/GDP	反映住房公积金在国民经济发展中的规模比重
收入房价比	收入房价比＝城镇居民人均可支配收入/住宅平均销售价格	反映一个省份的城镇居民人均可支配收入与房价之间的关系
个贷率	个贷率＝个贷余额/缴存余额	反映住房公积金资金转化为个贷资产的能力,即资金贷款效率
运用率	运用率＝(个贷余额+项目贷款余额+购买国债余额)/缴存余额	反映住房公积金资金转化为个贷资产和保障性住房等资产的能力,即资金运作效率
使用率	使用率＝(提取总额+个贷余额+项目贷款余额+购买国债余额)/缴存总额	反映住房公积金资金避免资金沉淀的能力,即资金使用效率

续表

指标名称	计算方法	指标含义
市场贡献率	市场贡献率＝个贷全年发放金额/住房销售总额	反映住房公积金对住房消费的贡献程度
增值收益率	收益率＝全年增值收益/全年缴存额	反映住房公积金增值的效率

（三）实证分析

1. 数据收集及处理

本研究在数据聚类前对初始指标的标准化采取的是归一化方法。一是消除数据之间的量纲影响,使复杂多样的指标数据统一成无量纲的绝对值,解决数据指标之间的可比性问题,保证聚类中各个指标间的公平性;二是考虑到后续的聚类是基于欧式距离所展开的,选取的归一化方法为一种线性变化,可以得到相对最优的结果。基于以上分析方法,得到我国31个省份住房公积金运行效率水平的聚类分析数据如表2.15所示。

表2.15　我国31个省份住房公积金运行效率水平的聚类分析数据

省份	受益率（%）	个贷率（%）	运用率（%）	使用率（%）	增值收益率（%）	保障力度（万元）	外部关联度（%）	市场贡献率（%）	收入房价比
北京	52.04	74.19	79.67	92.23	4.17	4.42	5.85	12.65	2.26
天津	57.33	82.50	83.76	92.92	4.94	4.22	2.39	15.28	3.85
河北	64.91	59.76	61.01	78.21	6.20	2.68	1.39	7.66	4.87
山西	68.03	23.90	24.66	48.24	7.46	2.56	2.09	14.77	5.33
内蒙古	43.62	54.45	55.34	70.83	5.10	4.82	1.55	16.83	6.60
辽宁	45.13	68.46	69.45	84.68	5.49	3.99	2.12	8.06	5.20
吉林	41.01	63.42	64.00	80.09	6.09	3.63	1.68	13.75	5.27
黑龙江	46.20	53.08	55.10	75.96	5.77	3.33	1.94	9.28	4.42
上海	65.36	82.05	84.32	92.63	7.11	3.70	3.64	14.47	2.71
江苏	34.94	91.33	91.67	96.21	4.55	2.80	1.76	9.17	4.89

省份	受益率 （%）	个贷率 （%）	运用率 （%）	使用率 （%）	增值 收益率 （%）	保障 力度 （万元）	外部 关联度 （%）	市场 贡献率 （%）	收入 房价比
浙江	28.72	84.75	84.86	93.48	5.35	4.20	2.08	9.48	3.44
安徽	46.13	79.22	81.06	91.50	4.52	3.38	2.40	9.09	4.84
福建	31.68	88.16	88.89	94.95	5.47	3.10	1.65	6.11	3.58
江西	36.26	61.76	62.59	76.09	6.27	3.10	1.51	9.65	4.46
山东	45.25	66.75	67.01	82.25	5.40	2.83	1.29	8.30	5.89
河南	49.70	57.64	57.81	74.37	5.65	2.26	1.29	9.20	5.84
湖北	47.17	67.99	68.33	81.17	6.32	3.25	1.65	11.85	4.73
湖南	44.59	69.74	71.75	83.58	6.71	2.45	1.37	8.60	5.99
广东	46.87	64.48	64.83	85.19	4.11	2.25	2.32	8.13	3.91
广西	45.31	65.87	66.17	84.22	5.54	2.90	1.70	9.86	5.52
海南	50.57	67.06	67.36	81.10	4.05	2.66	2.53	4.74	2.66
重庆	29.91	93.44	95.39	97.77	5.66	2.56	1.83	5.66	4.81
四川	47.07	64.63	65.74	81.94	4.97	3.22	2.24	8.24	4.40
贵州	52.90	80.07	82.53	89.44	4.74	2.67	2.33	12.58	5.53
云南	35.54	65.24	65.58	82.48	5.41	3.67	2.45	13.69	5.56
西藏	39.30	34.29	34.39	62.12	1.36	5.80	5.17	23.67	5.16
陕西	56.60	43.66	48.01	70.38	5.09	2.53	1.74	7.88	4.58
甘肃	54.07	44.16	45.56	65.77	5.17	3.53	2.78	26.12	5.15
青海	55.70	37.70	38.62	66.00	2.72	5.23	3.42	22.71	4.93
宁夏	50.76	59.94	62.06	82.15	3.85	3.83	2.76	13.76	5.57
新疆	42.35	63.94	66.69	83.49	4.82	4.18	3.07	19.21	5.03

（1）Min-Max 标准化

Min-Max 标准化方法的本质是对初始数据进行线性变换。即设 MinA 为属性 A 的最小值，MaxA 为属性 A 的最大值，将 A 的一个初始值 x 通过 Min-Max 进行数据的标准化处理，映射为在区间［0,1］中的值 x′，其公式为：

新数据＝（原数据－极小值）/（极大值－极小值），即 $x' = \dfrac{x - \text{MinA}}{\text{MaxA} - \text{MinA}}$

$$(2.9)$$

（2）归一化结果

在进行归一化处理之后，得到住房公积金运行效率整体分析聚类分析指标体系中覆盖缴存、提取、贷款业务及国民经济 4 个方面包含 9 个指标的数据结果如表 2.16 所示。

表 2.16　指标的归一化处理结果

省份	受益率（%）	个贷率（%）	运用率（%）	使用率（%）	增值收益率（%）	保障力度（万元）	外部关联度（%）	市场贡献率（%）	收入房价比
北京	0.59	0.72	0.78	0.89	0.46	0.61	1.00	0.03	0.00
天津	0.73	0.84	0.84	0.90	0.59	0.55	0.24	0.05	0.37
河北	0.92	0.52	0.51	0.61	0.79	0.12	0.02	0.01	0.60
山西	1.00	0.00	0.00	0.00	1.00	0.09	0.18	0.04	0.71
内蒙古	0.38	0.44	0.43	0.46	0.61	0.72	0.06	0.05	1.00
辽宁	0.42	0.64	0.63	0.74	0.68	0.49	0.18	0.01	0.68
吉林	0.31	0.57	0.56	0.64	0.78	0.39	0.09	0.04	0.69
黑龙江	0.44	0.42	0.43	0.56	0.72	0.30	0.14	0.02	0.50
上海	0.93	0.84	0.84	0.90	0.94	0.41	0.52	0.04	0.10
江苏	0.16	0.97	0.95	0.97	0.52	0.15	0.10	0.02	0.61
浙江	0.00	0.88	0.85	0.91	0.65	0.55	0.17	0.02	0.27
安徽	0.44	0.80	0.80	0.87	0.52	0.32	0.24	0.02	0.59
福建	0.08	0.92	0.91	0.94	0.67	0.24	0.08	0.01	0.30
江西	0.19	0.54	0.54	0.56	0.80	0.24	0.05	0.02	0.51
山东	0.42	0.62	0.60	0.69	0.66	0.16	0.00	0.02	0.84
河南	0.53	0.49	0.47	0.53	0.70	0.00	0.00	0.02	0.82
湖北	0.47	0.63	0.62	0.66	0.81	0.28	0.08	0.03	0.57
湖南	0.40	0.66	0.67	0.71	0.88	0.06	0.02	0.02	0.86
广东	0.46	0.58	0.57	0.75	0.45	0.00	0.23	0.01	0.38
广西	0.42	0.60	0.59	0.73	0.69	0.18	0.09	0.02	0.75

续表

省份	受益率 （%）	个贷率 （%）	运用率 （%）	使用率 （%）	增值 收益率 （%）	保障 力度 （万元）	外部 关联度 （%）	市场 贡献率 （%）	收入 房价比
海南	0.56	0.62	0.60	0.66	0.44	0.12	0.27	0.00	0.09
重庆	0.03	1.00	1.00	1.00	0.70	0.09	0.12	0.00	0.59
四川	0.47	0.59	0.58	0.68	0.59	0.27	0.21	0.02	0.49
贵州	0.62	0.81	0.82	0.83	0.55	0.12	0.23	0.03	0.75
云南	0.17	0.59	0.58	0.69	0.66	0.40	0.25	0.04	0.76
西藏	0.27	0.15	0.14	0.28	0.00	1.00	0.85	1.00	0.67
陕西	0.71	0.28	0.33	0.45	0.61	0.08	0.10	0.01	0.53
甘肃	0.64	0.29	0.30	0.35	0.62	0.36	0.33	0.09	0.67
青海	0.69	0.20	0.20	0.36	0.22	0.84	0.47	0.08	0.62
宁夏	0.56	0.52	0.53	0.68	0.41	0.45	0.32	0.04	0.76
新疆	0.35	0.58	0.59	0.71	0.57	0.54	0.39	0.06	0.64

2. 聚类结果

通过数据的归一化处理,便将所选取的指标均线性归一化到[0,1]的取值范围内。运用 Matlab 软件对我国 31 个省份住房公积金运行情况聚类分析,同样可将我国 31 个省份住房公积金运行效率水平划分为五类(如表 2.17 所示)。

表 2.17　我国 31 个省份住房公积金运行效率水平聚类结果

类别	住房公积金 运行效率水平	省份
第一类	高值区	北京、天津、上海
第二类	较高值区	江苏、浙江、福建、重庆
第三类	中等值区	广东、辽宁、山东、河北、河南、湖北、湖南、江西、安徽、广西、海南、吉林、黑龙江、四川、贵州、云南、内蒙古、宁夏、新疆
第四类	较低值区	山西、陕西、甘肃、青海
第五类	低值区	西藏

为进一步验证上述聚类结果的准确性,将聚类结果进行可视化处理,即对 31 个省份住房公积金运行效率水平再绘制成我国 31 个省份住房公积金运行指标空间分布图(如图 2.11 所示)、我国 31 个省份住房公积金运行效率水平评价指标多维度趋向分析图(如图 2.12 所示)。从图中可以进一步确认该运行效率区域分布结论的合理性。

指标空间分布图

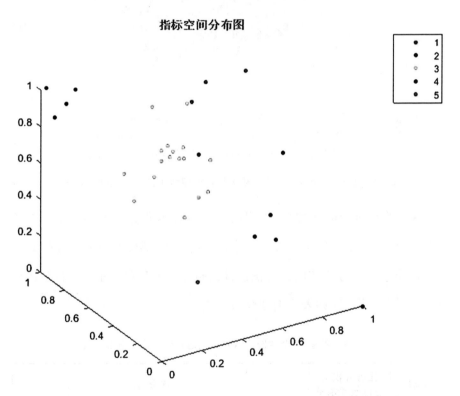

图 2.11 我国 31 个省份住房公积金运行效率水平指标空间分布图

三、住房公积金运行效率的区域分布

(一)住房公积金运行效率区域类型划分

如前所述,主成分分析和聚类分析两种方法构成一个绝对与相对相结合的完整实证系统,两者结果的相似,客观验证了住房公积金运行效率

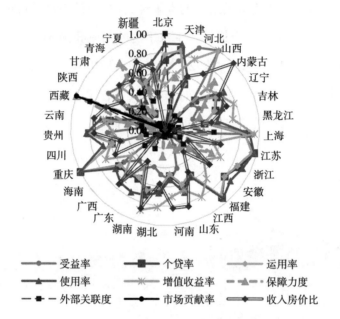

图 2.12　我国 31 个省份住房公积金运行效率水平指标多维度趋向分析

水平区域类型划分的合理性,表明已基本达到本研究的预期效果。本章根据主成分分析结果(如表 2.11 所示),通过 K 型聚类分析(如表 2.17 所示),将这两种方法结论进行整合,得到我国 31 个省份住房公积金运行效率水平分类情况(如表 2.18 所示)。

表 2.18　我国 31 个省份住房公积金运行效率水平分类情况

类别	住房公积金运行效率水平	省份
第一类	高值区	北京、天津、上海
第二类	较高值区	江苏、浙江、福建、重庆
第三类	中等值区	广东、辽宁、山东、河北、河南、湖北、湖南、江西、安徽、广西、海南、吉林、黑龙江、四川、贵州、云南、内蒙古、宁夏、新疆
第四类	较低值区	山西、陕西、甘肃、青海
第五类	低值区	西藏

（二）住房公积金运行效率区域差异特征解析

区域差异是指住房公积金运行效率水平在全国不同地理位置中的差异性。根据表 2.18 可知，受住房公积金运行内部、外部等指标的影响，住房公积金运行效率水平在不同省份之间存在着区域差异。从省份角度看，大部分沿海省份及直辖市的住房公积金运行效率水平处于高和较高水平，而内陆中西部省份的运行效率水平则相对较低。在各省份住房公积金运行效率水平区域差异性与属地化运行构成的矛盾制约下，由全国住房公积金运行的宏观状况可知，运行的高效性与统筹性特点并未获得有效发挥。

第一类省份为北京、上海、天津，住房公积金运行效率水平高。这几个省份是全国人口相对密集、经济水平相对发达以及住房消费能力相对较高的省份。该类省份经济高速增长和住房销售高企为住房公积金运行提供了基础与动力，从聚类分析中前三项指标看，北京、上海、天津的受益率指数分别为 0.59、0.93、0.73，比全国平均值分别高出 0.13、0.47、0.27，个贷率分别高出全国平均水平为 0.13、0.25、0.25，运用率分别高出全国平均水平为 0.19、0.25、0.25。依靠强大的经济力量与较高的住房产业发展水平及住房公积金管理效能，这 3 个省份的住房公积金运行效率水平领先于全国。其中天津由于近几年滨海新区建设带来巨大的机遇，在个贷率单项指标上和上海并列位居全国第一，住房公积金运行效率水平和北京、上海相持平。这 3 个省份的未来发展方向应为加快住房公积金运行转型升级，将住房保障与住房金融深度融合，更加注重社会公平和效率的均衡，充分满足职工住房保障与改善需求；同时警惕缴存与提取及贷款使用的投产均衡风险，并利用"互联网+"等科技优势在提升服务质量方面发挥全国示范作用，加强辐射带动，引领全国住房公积金行业走向新的阶段。

第二类省份为江苏、浙江、福建、重庆,住房公积金运行效率水平较高。在国家政策的支持下,这4个省份经济发展较快,住房公积金综合运行水平排名全国居前。从聚类分析中前三项指标分析可知,受益率分别低于全国平均水平-0.30、-0.46、-0.38、-0.43,但个贷率高于全国平均水平,分别为0.38、0.29、0.33、0.41,运用率高于全国平均水平,分别为0.36、0.26、0.32、0.41。居高的个贷率、运用率促进了住房公积金运行效率水平的提升,同时也提升了这些省份的住房公积金专业化运行水平。其中地处东南沿海的江苏、浙江、福建,得益于其优越的地理位置,使得经济发展、人口聚集、住房产业投入力度大等因素,这些关键因素有利于住房公积金运行效率的改进。重庆是西南地区主要经济大省,住房市场规模较大且在逐渐规范。这4个省份未来应进一步提升住房公积金运行效率,充分发挥区位优势、实现住房公积金运行优化配置,提高住房公积金资源利用率。

第三类省份为广东、辽宁、山东、河北、河南、湖北、湖南、江西、安徽、广西、海南、吉林、黑龙江、四川、贵州、云南、内蒙古、宁夏、新疆,住房公积金运行效率水平中等。这19个省份中除广东外,大多地处中西部、西南部及东北部,平均受益率、平均个贷率、平均运用率都与全国平均水平相当,在全国综合排名居中。其中广东是改革开放的前沿阵地,虽然缴存额、贷款额等单项绝对值较大,从运行内部单一指标或部分指标看名列前茅(见图2.2—图2.5),但住房公积金运行效率综合水平略逊于北京、天津、上海和江苏、浙江、福建(见表2.11、表2.17),原因在于广东存在大量的民营小、微企业,相应地进城务工人员缴存规范性有待改进。辽宁是老工业基地,虽有单一指标也居全国前10位,但其住房产业起步晚于沿海省份,市场发展不够成熟。山东虽是沿海省份,但尚需扩大其市场规模,满足市场需求。新疆同黑龙江等省份一样虽然受经济的限制,但由于国家系列政策的实施,这些省份投资环境和市场发展空间潜力大。海南因国际旅游岛的开发带来的机遇,前期市场投放规模较大,但随着国家宏观调控,后期投入规模缩小。在未来发展中,上述 19 个省份在住房公积金运行效率水平方面,应不仅仅是规模量上的投入,还应注重可持续发展,采取有针对性的改进措施,积极发挥住房公积金去库存、稳增长、惠民生的作用,推动住房公积金运行效率价值最大化的实现。

第四类省份为山西、陕西、甘肃、青海,住房公积金运行效率水平较低。这 4 个省份地处西部,受自然条件限制,个贷率分别低于全国平均水平为 -0.59、-0.31、-0.3、-0.39,运用率分别低于全国平均水平为 -0.67、-0.22、-0.32、-0.31。虽然西部大开发战略带动了发展,近年来这几个省份受益于国家"一带一路"建设,正在逐步形成市场,但其经济单一化程度高,总体经济欠发达,客观上造成了发展较为落后,属于缓慢潜在增长区。今后应健全住房公积金缴存机制,培育良好的运行环境①。这些省份的住房公积金运行未来应打破行政壁垒,组织实施集住房消费、环境整理、基础建设、产业布局、市场调控等方面于一体的大综合、大协调的统筹规划。

第五类省份为西藏。住房公积金运行效率水平居后,主要是由其经济情况及人口规模决定的。受益率(平均值为 0.46)、个贷率(平均值为 0.59)、运用率(平均值为 0.67)分别低于全国平均水平,为 -0.19、-0.44、-0.39,社会经济发展落后,住房公积金运行效率水平偏低。未来该省份应既坚持加强生态保护、建设人与自然和谐的人地系统,又充分发挥宏观调控的作用,切实促进社会经济发展,提高人民生活水平和住房公积金运行效率。

---

① 吉根林、孙志挥:《数据挖掘技术》,《中国图象图形学报》2001 年第 8 期。

第三章　住房公积金运行的静态效率分析

前文分析了住房公积金运行效率的总体特征及效率区域分布。效率是评价住房公积金运行的关键因素之一,当前中国住房公积金运行的效率处在什么水平,有哪些外部因素在影响着效率? 我国 31 个省份的住房公积金运行的静态效率怎样? 本章基于空间视角选取我国 31 个省份为对象进一步分析住房公积金运行的静态效率。首先,从投入产出角度设计了住房公积金运行的静态效率分析指标体系;其次,采用差分进化算法优化的DEA-CCR 模型对静态效率进行测度,量化全国住房公积金运行的静态效率及其差异;再次,采用 DEA-BCC 模型将静态效率精细分解为三个子项来进一步剖析;最后,对住房公积金运行静态效率的外部影响因素进行解析。

第一节　住房公积金运行的静态效率测度

目前,经济效率的测度方法主要有财务指标法和生产前沿面法两种,其中财务指标法仅能体现财务分析方面的效果,无法兼顾非财务部分的效果,而生产前沿面法可以弥补这方面的不足①。生产前沿面法是一种相对效率概念,其思想是以所有样本中表现最佳的样本为标准,其余样本的相对效率可以用他们与最佳样本之间的相对距离来衡量,距离越近,相对效率越高;距

---

① 倪鹏飞、刘高军等:《中国城市竞争力聚类分析》,《中国工业经济》2003 年第 7 期。

离越远,则相对效率越低。生产前沿面法包括参数方法和非参数方法两种。

　　参数方法通常有随机前沿法(SFA)、厚前沿法(TFA)及自由分布法(DFA)三种,第一种应用得较广泛,后两种都为其变种。使用该类方法时,均需事先估计生产函数及假设随机变量分布,不同函数和假设将影响测算准确性和客观性。非参数方法主要采用数据包络分析法(Data Envelopment Analysis,DEA),DEA 是运筹学、管理学与经济学交叉整合的一个新空间,DEA 方法及其模型是 1978 年由美国著名运筹学家 A. Charnes 和 W. W. Cooper 在"相对效率评价"概念基础上发展起来的一种新的系统方法,其运算时不用事先估计生产函数的具体形式,从而避免前者的缺陷。

　　数据包络分析(DEA) 是一种对多投入多产出型实体进行生产力和效率评估的非参数方法,具有能够度量多个输入、多个输出的"单元"相对效率的功能,使得 DEA 方法成为非参数法中相对成熟的分析方法之一,也是研究多投入多产出函数的有力工具①。基于凸性和单调性假设,

---

　　①　Cook WD., Seiford LM., "Data envelopment analysis (DEA)-Thirty years on", *European Journal of Operational Research*, Vol.192, No.1(January 2009), pp.1-17;Nikitin N., Trifonova E., Ev-tushenko E., et al, "Comparative Study of Non-Enveloped Icosahedral Viruses Size", *Plos One*, Vol. 10, No.11(November 2015), pp.2-11;Johnson AL., Kuosmanen T., "One-stage and two-stage DEA estimation of the effects of contextual variables", *European Journal of Operational Research*, Vol.220, No.2(July 2012), pp.559-570;Fenton L., Ferguson J., Moseley H., "Analysis of energy saving lamps for use by photosensitive individuals", *Photochemical & Photobiological Sciences*, Vol.11, No.8(August 2012), pp.1346-1355;Sueyoshi T., Goto M., "Methodological comparison between DEA(data envelopment analysis) and DEA-DA(discriminant analysis) from the perspective of bankruptcy assessment", *European Journal of Operational Research*, Vol.199, No.2(December 2009), pp.561-575; Sozen A., Alp I., Ozdemir A., "Assessment of operational and environmental performance of the thermal power plants in Turkey by using data envelopment analysis", *Energy Policy*, Vol.38, No.10 (October 2010), pp. 6194-6203; Song M., An Q., Zhang W., et al, "Environmental efficiency evaluation based on data envelopment analysis:A review", *Renewable & Sustainable Energy Reviews*, Vol. 16, No.7(September 2012), pp.4465-4469;Sagerstrom CG., Gammill LS., Veale R., et al, "Specification of the enveloping layer and lack of autoneuralization in zebrafish embryonic explants", *Developmental Dynamics*, Vol.232, No.1(January 2005), pp.85-97;Pulina M., Detotto C., Paba A., "An investigation into the relationship between size and efficiency of the Italian hospitality sector:A window DEA approach", *European Journal of Operational Research*, Vol.204, No.3(August 2010), pp.613-620.

构建观测样本点的包络前沿面,并将这些观测点投影到所构建的前沿面,而后通过测算观测点同前沿面的相对距离来衡量观测点的表现,是 DEA 及其拓展的核心思想。DEA 对于相同类型决策单元的评价,对相关参数的估计、量纲的选取、权值的设定以及投入产出的关系没有特别的要求,而层次分析法、灰色评价法、模糊综合评价法等在确定指标权重时主观性较大,且对指标间的相关性不易检验。相比之下,DEA 在处理多指标投入和产出方面,体现了较好的优势①②③④⑤⑥⑦⑧⑨⑩⑪,且对其计算结果可找到合理的经济相关解释。而住房公积金运行静态效率反映的是对某一

---

① Picazo-Tadeo AJ., Gomez-Limon JA., Reig-Martinez E., "Assessing farming eco-efficiency: A Data Envelopment Analysis approach", *Journal of Environmental Management*, Vol.92, No.4(April 2011), pp.1154–1164.

② Hatami-Marbini A., Emrouznejad A., Tavana M., "A taxonomy and review of the fuzzy data envelopment analysis literature: Two decades in the making", *European Journal of Operational Research*, Vol.214, No.3(November 2011), pp.457–472.

③ Haney AB., Pollitt MG., "Efficiency analysis of energy networks: An international survey of regulators", *Energy Policy*, Vol.37, No.12(December 2009), pp.5814–5830.

④ Amado CAF., Santos SP., Marques PM., "Integrating the Data Envelopment Analysis and the Balanced Scorecard approaches for enhanced performance assessment", *Omega-Int J Manage S*, Vol.40, No.3(June 2012), pp.390–403.

⑤ Zhou P., Ang BW., Wang H., "Energy and CO2 emission performance in electricity generation: A non-radial directional distance function approach", *European Journal of Operational Research*, Vol.221, No.3(September 2012), pp.625–635.

⑥ Shi G-M., Bi J., Wang J-N., "Chinese regional industrial energy efficiency evaluation based on a DEA model of fixing non-energy inputs", *Energy Policy*, Vol.38, No.10(October 2010), pp.6172–6179.

⑦ Liu JS., Lu LYY., Lu W-M., et al, "Data envelopment analysis 1978–2010: A citation-based literature survey", *Omega-Int J Manage S*, Vol.41, No.1(January 2013), pp.3–15.

⑧ Kao C., Liu S-T., "Efficiencies of two-stage systems with fuzzy data", *Fuzzy Sets and Systems*, Vol.176, No.1(August 2011), pp.20–35.

⑨ Fethi MD., Pasiouras F., "Assessing bank efficiency and performance with operational research and artificial intelligence techniques: A survey", *European Journal of Operational Research*, Vol.204, No.2(July 2010), pp.189–198.

⑩ Liu JS., Lu LYY., Lu W-M., et al, "A survey of DEA applications", *Omega-Int J Manage S*, Vol.41, No.5(October 2013), pp.893–902.

⑪ Doyle J., Green R., "Efficiency and Cross-efficiency in DEA: Derivations, Meanings and Uses", *Journal of the Operational Research Society*, Vol.45, No.5(May 1994), pp.567–578.

时刻住房公积金所有投入产出进行综合评价的相对结果,是住房公积金综合运行情况的相对体现,故 DEA 可作为衡量住房公积金运行静态效率的一种较好工具。

目前数据包络分析法主要有两种分析模型,即 CCR 模型和 BCC 模型[1]。CCR 模型假设 DMU 处于固定规模报酬情形下,用来衡量总效率;BCC 模型假设 DMU 处于变动规模报酬情形下,用来衡量纯技术和规模效率。根据研究需要,本章先基于优化的 DEA-CCR 模型进行静态效率测度,后基于 DEA-BCC 模型进行静态效率分析。

一、指标体系建立与数据选取

设计指标体系是住房公积金运行效率测度的关键环节之一。指标体系设计的优劣程度关系到测度的客观性与准确性,直接影响到静态效率测度效果。设计一套科学合理的住房公积金运行静态效率测度指标体系,不仅有助于实现住房公积金运行静态效率测度目的,而且更有助于发现住房公积金运行中的客观本质属性和内在规律。

(一)指标体系设计总体原则

本章在住房公积金运行静态效率测度指标体系的设计中遵循以下总体原则。

1. 可代表

可代表,是要求所建立的效率测度指标体系指标选择范围要广,要突破住房公积金业务内部指标的局限,关联一定时期的国民经济发展情况,即尽量与外部环境经济指标结合起来,以反映运行内部与外部以及其相互作用过程的综合环境,且内外指标各有侧重,形成有机整体。也就是

---

[1]　Otten EW., Karn KS., Parsons KS., "Defining Thumb Reach Envelopes for Handheld Devices", *Human Factors*, Vol.55, No.1(January 2013), pp.48—60.

说,指标体系需涵盖住房公积金运行的主要方面,在不同层面反映住房公积金运行的情况;能揭示内在运行机制及反映住房公积金运行投入产出情况,从不同角度反映住房公积金运行规律。

2. 可操作

可操作,是指住房公积金运行效率测度中设定和选择指标时,需要考虑数据获取难度,确保能够实施。由于管理体制等综合原因,现实中存在住房公积金运行资料获取较难和资料缺失的问题,为了更好地评价住房公积金运行静态效率,指标数据搜集应尽量结合现有行业统计惯例,数据的经济含义清晰,指标的计算口径统一,指标的计算方法明确。

3. 可量化

可量化,是指测度指标可以计量或测量,没有可量化的指标就无从开展运行静态效率测度。效率测度指标体系中选取的各项指标之间在内涵、计算时间和范围等方面要求相互衔接,重点需可量化,以有利于科学系统地反映住房公积金运行各构成要素之间的内在联系。

(二)指标体系构建与数据选取

住房公积金运行静态效率主要反映住房公积金资金归集、管理、运用的效率以及制度目标的实现程度。具体而言就是为了公共利益的目标进行运行,建立住房公积金的强制缴存制度,实现住房公积金资金的互助,再以低成本的住房公积金资金为中低收入者提供低门槛、低成本、高效率的购房或租房资金支持。

1. 指标体系构建

由于静态效率是一个综合性范畴,属于多输入多输出的评价问题,为全面、客观衡量我国 31 个省份住房公积金运行静态效率,基于前文分析,根据第二章"聚类分析"中构建的 9 个指标情况(见表 2.14),本章选取内部相对指标(见表2.3)中的6项构建住房公积金运行静态效率测度指标体系,主要包括两方面:一是住房公积金运行的投入指标,包括受益率、保障力度、外部关联度、收入房价比等;二是住房公积金运行的产出指标,包括使用率、市场贡献率(见表3.1)。

即设受益率 X_1、保障力度 X_2、外部关联度 X_3、收入房价比 X_4 四个变量为投入指标;使用率 Y_1、市场贡献率 Y_2 两个变量为产出指标。指标的计算方法、指标含义同表2.14。

表 3.1 住房公积金运行静态效率测度指标体系

维度	指标名称
投入指标	受益率 X_1
	保障力度 X_2
	外部关联度 X_3
	收入房价比 X_4
产出指标	使用率 Y_1
	市场贡献率 Y_2

2. 数据选取

收集相关数据,是静态效率测度的基础。根据表3.1中静态效率测度指标体系,数据选取同表2.15的初始数据。

二、差分进化算法(DE)

由于住房公积金运行效率问题较为复杂,相比于牛顿法、梯度法等对问题需有梯度要求的传统算法,智能算法对问题无特殊要求,模型建立后即可求解;而智能算法中,相比遗传算法、微粒群算法、文化算法等,差分进化算法具有参数较少、操作简单、性能稳定等显著特点,故本书选取差分进化算法(Differential Evolution Algorithm, DE)优化求解模型。

为使本章的 DEA-CCR 效率测度模型能更加客观地反映全国住房公积金运行静态效率情况,研究中进一步将 DE 结合多目标优化技术与 Deb 基于可行性规则作为约束处理技术进行模型优化,从而得以求解对应最优值。*DE/rand/1/bin* 是 DE 最经典和常用的类型,本章优化模型中 DE 均采纳此版本。

(一)差分进化算法特征及工作步骤

差分进化算法(DE)是由 Storn 和 Price 于 1995 年提出的一种高效的全局优化算法,也可称为微分进化算法。该算法是一类基于群体的自适应全局优化算法,属于演化算法的一种,由于其具有结构简单、容易实现、收敛快速、鲁棒性强等特点,因而被广泛应用在数据挖掘、模式识别、数字滤波器设计、人工神经网络、电磁学等各个领域。它也是基于群体的启发式搜索算法,群中的每个个体对应一个解向量。其初始设计是用来处理切比雪夫多项式问题,此后发现该算法也是处理复杂问题优化的有效技术。DE 与其余演化算法类似,也是一种模拟生物进化的随机模型,经反复迭代,最终那些适应环境的个体生存下来。DE 与人工生命特别是进化算法有着极为特殊的联系,它也是基于群体智能理论的优化算法,经过群体内个体间的合作与竞争产生的群体智能指导优化搜索,保存了基于种群的全局搜索策略,采取实数编码基于差分的简单变异操作和一对一的竞争生存策略,减弱了遗传操作的复杂性,并且 DE 拥有的记忆功能可使其动态跟踪当前的搜索情况,从而调整其搜索策略。同时,DE 具备较强全局收敛能力和鲁棒性,使其不必借助问题的特征信息,能够求解那些常规数理方法难以解决的复杂环境中的优化问题[1][2][3][4][5][6][7][8][9][10][11]。

此外,正是 DE 具有记忆个体最优解和种群内信息共享的特点,在本质上,它既是一种具有保优思想的贪婪遗传算法[12],但较于遗传算法的选择操作,DE 又采用一对一的淘汰机制来更新种群[13],因此它还是一种用于优化问题的启发式算法。由于在连续域优化问题的优势,目前 DE 已

① 赵黎明、焦珊珊等:《中国城镇化效率测度》,《城市问题》2015 年第 12 期。

② Noman N., Iba H., "Differential evolution for economic load dispatch problems", *Electric Power Systems Research*, Vol.78, No.8(August 2008), pp.1322-1331.

③ Das S., Abraham A., Konar A., "Automatic clustering using an improved differential evolution algorithm", *IEEE Transactions on Systems, Man, and Cybernetics-Part A: Systems and Humans*, Vol.38, No.1(January 2008), pp.218-237.

④ Brest J., Maucec MS., "Population size reduction for the differential evolution algorithm", *Applied Intelligence*, Vol.29, No.3(December 2008), pp.228-247.

⑤ Neri F., Tirronen V., "Recent advances in differential evolution:a survey and experimental analysis", *Artificial Intelligence Review*, Vol.33, No.1-2(February 2010), pp.61-106.

⑥ Islam SM., Das S., Ghosh S., et al, "An Adaptive Differential Evolution Algorithm With Novel Mutation and Crossover Strategies for Global Numerical Optimization", *IEEE Transactions on Systems, Man, and Cybernetics, Part B(Cybernetics)*, Vol.42, No.2(April 2012), pp.482-500.

⑦ Babu BV., Angira R., "Modified differential evolution(MDE) for optimization of non-linear chemical processes", *Computers & Chemical Engineering*, Vol.30, No.6-7(May 2006), pp.989-1002.

⑧ Storn R., Price K., "Differential evolution-A simple and efficient heuristic for global optimization over continuous spaces", *Journal of Global Optimization*, Vol.11, No.4(December 1997), pp.341-359.

⑨ Rahnamayan S., Tizhoosh HR., Salama MMA., "Opposition-based differential evolution", *IEEE Transactions on Evolutionary Computation*, Vol.12, No.1(February 2008), pp.64-79.

⑩ Qin AK., Huang VL., Suganthan PN., "Differential Evolution Algorithm With Strategy Adaptation for Global Numerical Optimization", *IEEE Transactions on Evolutionary Computation*, Vol.13, No.2(April 2009), pp.398-417.

⑪ Mallipeddi R., Suganthan PN., Pan QK., et al, "Differential evolution algorithm with ensemble of parameters and mutation strategies", *Applied Soft Computing*, Vol. 11, No. 2 (March 2011), pp.1679-1696.

⑫ Das S., Abraham A., Chakraborty UK., et al, "Differential Evolution Using a Neighborhood-Based Mutation Operator", *IEEE Transactions on Evolutionary Computation*, Vol. 13, No. 3 (June 2009), pp.526-553.

⑬ 姚峰、杨卫东等:《改进自适应变空间差分进化算法》,《控制理论与应用》2010 年第 1 期。

经在诸多领域得到了应用①②③④⑤⑥⑦⑧⑨⑩⑪。

DE 算法主要工作步骤包括变异（Mutation）、交叉（Crossover）、选择（Selection）三种操作⑫。具体地：第一步变异，即从某一随机产生的初始群体开始，先利用种群中随机选取的两个个体的差向量作为第三个个体的随机变化源，再将差向量加权并按一定的规则与其求和产生变异个体的过程；第二步交叉，即将上述变异个体和预先设定的目标个体予以参数混合而生成试验个体的过程；第三步选择，即若试验个体的适应度值优于目标个体的适应度值，则在下一代中试验个体将取代目标个体，否则目标

---

① 何大阔等：《多智能体差分进化算法》，《控制与决策》2011 年第 7 期。

② Liu J., Lampinen J., "A fuzzy adaptive differential evolution algorithm", *Soft Computing*, Vol.9, No.6(June 2005), pp.448-462.

③ Brest J., Greiner S., Boskovic B., et al, "Self-adapting control parameters in differential evolution: A comparative study on numerical benchmark problems", *IEEE Transactions on Evolutionary Computation*, Vol.10, No.6(November 2006), pp.646-657.

④ Qin AK., Suganthan PN., "Self-adaptive differential evolution algorithm for numerical optimization", *2005 IEEE Congress on Evolutionary Computation*, Vol.2(December 2005), pp.215-222.

⑤ Paterlini S., Krink T., "Differential evolution and particle swarm optimisation in partitional clustering", *Computational Statistics & Data Analysis*, Vol.50, No.5(March 2006), pp.1220-1247.

⑥ Zhang J., Sanderson AC., "JADE: Adaptive Differential Evolution With Optional External Archive", *IEEE Transactions on Evolutionary Computation*, Vol.13, No.5(October 2009), pp.945-958.

⑦ Noman N., Iba H., "Accelerating differential evolution using an adaptive local search", *IEEE Transactions on Evolutionary Computation*, Vol.12, No.1(February 2008), pp.107-125.

⑧ You YL., Kaveh M., "Fourth-order partial differential equations for noise removal", *IEEE Transactions on Image Processing*, Vol.9, No.10(October 2000), pp.1723-1730.

⑨ Rocca P., Oliveri G., Massa A., "Differential Evolution as Applied to Electromagnetics", *IEEE Antennas and Propagation Magazine*, Vol.53, No.1(February 2011), pp.38-49.

⑩ Li H., Zhang Q.: Multiobjective Optimization Problems With Complicated Pareto Sets, MOEA/D and NSGA-II, *IEEE Transactions on Evolutionary Computation*, Vol.13, No.2(April 2009), pp.284-302.

⑪ Karaboga D., Basturk B., "On the performance of artificial bee colony(ABC) algorithm", *Applied Soft Computing*, Vol.8, No.1(January 2008), pp.687-697.

⑫ Das S., Suganthan PN., "Differential Evolution: A Survey of the State-of-the -Art", *IEEE Transactions on Evolutionary Computation*, Vol.15, No.1(February 2011), pp.4-31.

个体仍保留下来。在每一代的进化过程中,每一个个体矢量作为目标个体一次,经过反复迭代运算,优良个体被保存,劣质个体被替换,最终引导搜索过程向全局最优解逼近①。

显然,该算法主要利用变异和交叉操作来获得一个试验向量,并与目标向量进行比较,较好的将会保存到下一代。基本 DE 算法在求解的过程中,随着进化代数的增加,会使种群的多样性变小,过早地收敛到局部极小点,或者致使算法停滞,这对依靠种群差异来进行的算法来说无疑是致命的,使算法的性能在进化的过程中变差。为了解决基本 DE 算法的上述缺陷,针对 DE 算法的特点,目前主要的改进方法是针对进化模式和控制参数的优化,还有一些改进方法是将 DE 算法与其他一些智能算法进行结合使用。整个 DE 种群由 NP 个 n 维实值向量组成:

$$\vec{x}_i = \{x_{i,1}, x_{i,2}, \cdots, x_{i,n}\}, i = 1, 2, \cdots, NP \tag{3.1}$$

变异、交叉和选择操作定义如下:

1. 变异操作

考虑到每个个体 $\vec{x}_i$(目标向量),一个变异向量 $\vec{v}_i = \{v_{i,1}, v_{i,2}, \cdots, v_{i,n}\}$ 定义为

$$\vec{v}_i = \vec{x}_{r1} + F \cdot (\vec{x}_{r2} - \vec{x}_{r3}) \tag{3.2}$$

$r1$, $r2$ 和 $r3$ 从区间 $[1, NP]$ 中随机选择并满足:$r1 \neq r2 \neq r3 \neq i$。$F$ 为缩放因子。

如果向量 $v_{i,j}$ 违反了约束边界,则将按照下面公式进行重置:

$$v_{i,j} = \begin{cases} \min\{U_j, 2L_j - v_{i,j}\}, & \text{if} \quad v_{i,j} < L_j \\ \max\{L_j, 2U_j - v_{i,j}\}, & \text{if} \quad v_{i,j} < U_j \end{cases} \tag{3.3}$$

---

① 何大阔等:《多智能体差分进化算法》,《控制与决策》2011 年第 7 期。

2. 交叉操作

通过对目标向量 $\vec{x}_i$ 和变异向量 $\vec{v}_i$ 进行二项式交叉操作得到试验向量 $\vec{u}_i$:

$$u_{i,j} = \begin{cases} v_{i,j} & if\, rand_j \leq C_r \quad or \quad j = j_{rand} \\ x_{i,j} & otherwise \end{cases} \tag{3.4}$$

其中 $i = 1,2,\cdots,NP$, $j = 1,2,\cdots,n$, j_{rand} 为区间 $[1,n]$ 上随机选择的整数, $rand_j$ 为在 $[0,1]$ 区间均匀分布的随机数发生器的第 j 个评价。C_r 为交叉控制参数。等式 $j=j_{rand}$ 的引入是为了保证试验向量 $\vec{u}_i$ 与它的目标向量 $\vec{x}_i$ 不同。

3. 选择操作

选择操作通过比较试验向量 $\vec{u}_i$ 和目标向量 $\vec{x}_i$ 实现,较好地被保存到下一代:

$$\vec{x}_i = \begin{cases} \vec{u}_i & if \quad f(\vec{u}_i) \leq f(\vec{x}_i) \\ \vec{x}_i & otherwise \end{cases} \tag{3.5}$$

（二）约束处理技术

通常,一个约束优化问题可以描述成以下形式:

$Minimize \quad f(\vec{x})$ (3.6)

$Subject\, to : g_j(\vec{x}) \leq 0, j = 1,\ldots,l$

$\qquad\qquad h_j(\vec{x}) = 0, j = l + 1,\ldots,m$

其中, $\vec{x} = (x_1,x_2,\ldots,x_n) \in \Omega \subseteq S$ 为决策向量, Ω 为可行域, S 为决策空间。一般 S 为 n 维超长方体: $l(i) \leq x_i \leq u(i)$, $l(i)$ 、$u(i)$ 为常数, $i = 1,\ldots,n$。$f(\vec{x})$, $g_j(\vec{x})$ 、$h_j(\vec{x})$ 均为 n 元函数, $f(\vec{x})$ 为目标函数, $g_j(\vec{x})$ 为第 j 个不等式约束条件, $h_j(\vec{x})$ 为第 j 个等式约束条件。不等式约束条件

的个数为 l，等式约束条件的个数为 $m-l$。

约束优化进化算法中应用最广泛的三种约束处理技术（$CHTs$）是惩罚函数法（P）、基于区分可行解和不可行解的方法（D）以及多目标优化技术（M）。惩罚函数法采用一些惩罚系数来对目标函数值和约束违反值进行平衡，即在约束空间内进行有偏搜索。基于区分可行解和不可行解的方法，如 Deb 提出一种基于可行性准则，来对不同个体进行两两比较。具体比较原则为：若在两个比较的个体中，一个为可行解，另一个为不可行解时，选择可行解的那个；当相比的两个体均为可行解时，选取目标函数值较小的那个；当相比的两个体均为不可行解，则选取违反约束条件程度小的那个。多目标优化技术的主要思想是，将约束条件也看成一个或者多个求最值的目标，然后将原来的单目标优化问题转化为双目标或者更多目标的优化问题。

本研究中约束处理技术采用一种广义的组合约束处理框架，它可以充分利用不同约束处理技术在解决不同问题上的优势。

（三）DE 算法具体流程

在运用差分进化算法优化 DEA-CCR 静态效率模型中，需求解对应于效率评价指数 h_j 最大的权系数 v 和 u。每一个省份对应的权系数有 6 个，分别为 v_1, v_2, v_3, v_4 以及 u_1, u_2。定义微粒坐标 $X_i = (x_1, x_2, x_3, x_4, x_5, x_6)$ 对应于 6 个权系数。考虑效率模型为分式规划的约束优化问题，研究中约束违反程度 G 定义为：

$$G(\vec{x_i}) = \sum_{j=1}^{m} G_j(\vec{x_i}) = \sum_{j=1}^{m} \max(0, g_j(\vec{x_i})) \tag{3.7}$$

其中，m 为约束条件的个数，在本例中为 31，$\vec{x_i}$ 即为前面定义的 X_i，代表第 i 个粒子的坐标位置。在具体约束处理技术实现上采用 M-D 模式，即如果种群正经历不可行情形，则选择多目标优化技术；而如果种群

正经历半可行情形,则选择 Deb 基于可行性规则进行求解。算法具体流程如下:

第一步:令迭代次数 $t=0$,确定变量及对应边界,随机产生初始种群 $P_0 = \{\vec{x}_{1,0}, \cdots, \vec{x}_{NP,0}\}$;

第二步:分别计算群体 P_0 中每个个体的目标函数值和约束违反程度,并令 $FES= NP$;

第三步:对当前群体 P_t 执行 DE 操作产生后代,并共同组成组合种群 H_t;

第四步:计算组合种群的可行比 f_p,并根据 f_p 确定当前群体所处的情形;

第五步:根据所处情形选择对应的约束处理技术,即如果种群正经历不可行情形,则选择多目标优化技术;否则,选择 Deb 基于可行性规则;

第六步:根据选择的约束处理技术进行后代的排序和选择;

第七步:$FES=FES+NP$;

第八步:$t=t+1$;

第九步:如果满足停止准则($FES \geqslant Max\_FES$),则停止并输出最优值 $\vec{x}_{best}$ 及对应的目标函数值,否则返回 Step3;

第十步:根据输出的最优目标函数值判断 DMU 是否有效,并分析原因。

为客观量化省份间的静态效率差异,本章以 31 个省份住房公积金运行为决策单元,选取差分进化算法对 DEA-CCR 模型进行进一步优化,深入分析和探究住房公积金运行投入与产出要素间的内在关系。

三、DE 优化的 DEA-CCR 模型

理论界熟知的 DEA-CCR 模型,是由 Charnes、Cooper 和 Rhodes 提出,

CCR 模型的名称也由此得来,CCR 模型的基本原理是建立在 DEA 模型的基础之上的,它的基本思想如下:

设有 n 个决策单元(Decision Making Units,DMU),决策单元之间具有可比性。每个决策单元都有 m 种(个)类型的输入(相当于"资源"的消耗)和 s 种(个)类型的输出(决策单元在消耗了"资源"之后,表明"成效"的一些指标)[①]。各决策单元的输入数据和输出数据标量形式见图 3.1。

记决策单元 j 为 DMU_j($1 \leq j \leq n$),图中一些符号含义如下:

x_{ij}:DMU_j对第 i 种输入的投入量,$x_{ij} > 0$;

y_{rj}:DMU_j对第 r 种输出的产出量,$y_{rj} > 0$;

v_i:对第 i 种输入的一种度量(也称权);

u_r:对第 r 种输出的一种度量(也称权);$i = 1,2,\ldots,m$;$j = 1,2,\ldots,n$;$r = 1,2,\ldots,s$;

若输入输出以向量的形式表示,则可按如下形式给出:

记 $X_j = (x_{1j},x_{2j},\ldots,x_{mj})^T$,$j = 1,2,\ldots,n$;

$Y_j = (y_{1j},y_{2j},\ldots,y_{sj})^T$,$j = 1,2,\ldots,n$;

$v = (v_1,v_2,\ldots,v_m)^T$;

$u = (u_1,u_2,\ldots,u_s)^T$。

其中,X_j、Y_j 分别为 DMU_j 的输入和输出向量,为已知数据,可根据统计数据得到;v 为 m 种投入对应的权向量,u 为 s 种输出对应的权向量,均为变量。决策单元的输入输出数据向量形式见图 3.2。

对于权系数 $v \in E^m$ 和 $u \in E^s$,决策单元 DMU_j的效率评价指数 h_j定义为:

[①] 刘志成、张晨成:《湖南省农业生态效率评价研究——基于 SBM-undesirable 模型与 CCR 模型的对比分析》,《中南林业科技大学学报(社会科学版)》2015 年第 6 期。

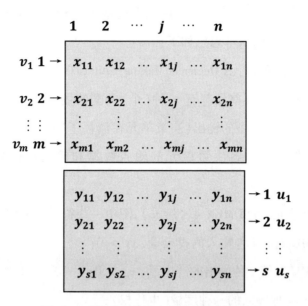

图 3.1 决策单元的输入输出数据标量形式

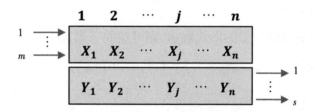

图 3.2 决策单元的输入输出数据向量形式

$$h_j = \frac{u^T Y_j}{v^T X_j} , j = 1, 2, \ldots, n \tag{3.8}$$

其含义为:在权系数 v、u 之下,投入为 $v^T X_j$,产出为 $u^T Y_j$ 时的产出与投入之比,总可以选择适当的 v 和 u,使得 $h_j \leq 1$。

接下来的问题是如何使其中某个决策单元 DMU_{j0}(对应的 X_{j0} 和 Y_{j0} 分别记为 X_0 和 Y_0)的效率评价指数 h_{j0} 最大化,对应的约束为所有决策单元的效率评价指数满足 $h_j \leq 1$($j = 1, 2, \ldots, n$)。由此,可以得到如下分式规划问题,即本研究的 CCR 模型:

$$\max \frac{u^T Y_0}{v^T X_0} \qquad\qquad (3.9)$$

$$\frac{u^T Y_j}{v^T X_j} \le 1, \quad j = 1, 2, \ldots, n$$

$$u \ge 0, \quad v \ge 0$$

通过 CC 变换给出了一个等价的线性规划形式：

$$\max \quad \mu^T{}_0 \qquad\qquad (3.10)$$

$$\omega^T X_j - \mu^T Y_j \ge 0, \quad j = 1, 2, \ldots, n$$

$$\omega^T X_0 = 1$$

$$\omega \ge 0, \quad \mu \ge 0$$

以上为单个 DMU 的效率测度，即单个 DMU 如何找到一组权系数 v、u，从而使自己的相对效率达到最大值 1（有效），这有可能使其他决策单元的状态受到影响[1]。因此，需要从所有决策单元的整体效率分析出发，找到一种策略，使这个系统的效率达到最大。从住房公积金系统来说，即是使管理者如何决策，让我国 31 个省份的住房公积金运行静态效率达到最大。基于以上分析，本书提出以下模型：

$$\max \frac{1}{n}\left(\frac{u^T Y_1}{v^T X_1} + \frac{u^T Y_2}{v^T X_2} + \ldots + \frac{u^T Y_n}{v^T X_n}\right) \qquad\qquad (3.11)$$

$$\frac{u^T Y_j}{v^T X_j} \le 1, \quad j = 1, 2, \ldots, n$$

$$u \ge 0, \quad v \ge 0$$

其中，基于对单个决策单元效率的测度，将每个决策单元的静态效率进行加权平均，并假定每个决策单元地位相同（所有权重均为 1）。与求

---

[1]　刘振滨、郑逸芳、黄安胜：《省域高校科研产出效率分析——基于 DEA-BCC 模型》，《中国高校科技》2014 年第 12 期。

解单个决策单元效率不同,本模型的权系数相对于任一决策单元均是相同的,即各种要素的重要性在不同决策单元内是相同的。也就是说,在计算 31 个省份的住房公积金运行效率的投入和产出时,受益率、保障力度、外部关联度、收入房价比等的权系数与所在省份无关,同一因素在不同省份间均具有相同比重。

四、计算结果与实证分析

本章 DE 中用到的参数设置如下:种群数目(NP)为 100;缩放因子(F)在区间[0.5,0.6]之间随机选择;交叉控制参数(Cr)在区间[0.9,0.95]之间随机选择。

对各单个 DMU 的 31 个省份静态效率及全部 DMU 的全国静态效率测度,均执行 25 次独立运行,最大函数评价次数为 $5×10^5$。此外,对于每个参数的边界设置为[0,10000]。

(一)单个 DMU 的静态效率测度

住房公积金运行静态效率的 6 项指标数据同表 2.14,运用 Matlab 软件对于公式(3.10)进行运算,得出我国 31 个省份的静态效率模型执行结果如表 3.2 所示。

研究显示,在 31 个省份中,北京、上海、天津、江苏、浙江、福建、重庆、广东、山东、海南、湖南这 11 个省份的静态效率达到 1(有效状态);河南、河北、江西、贵州、山西、内蒙古、辽宁、吉林、黑龙江、安徽、湖北、广西、四川、云南、陕西、甘肃、青海、宁夏、新疆、西藏 20 个省份的静态效率未达到 1(无效状态)。其中居全国后三位的省份分别是甘肃、山西、青海,其静态效率值分别为 0.62、0.57、0.54,表明这三个省份分别有 38%、43%、46% 的投入资源没有被有效利用。

表 3.2 单个 DMU 静态效率测度模型执行结果

| 序号 | 系数 省份（静态效率） | v_1 | v_2 | v_3 |
		v_4	u_1	u_2
1	北京（1.00）	1.40	1.94	0.17
		8.27	7.19	0.07
2	天津（1.00）	1.30	1.77	7.11
		7.09	8.12	5.73
3	河北（0.94）	0.00	2.74	9.72
		1.28	8.36	1.69
4	山西（0.57）	0.00	4.98	0.28
		0.00	3.17	0.53
5	内蒙古（0.83）	0.00	0.00	8.16
		0.00	3.93	1.20
6	辽宁（0.80）	4.80	2.36	4.52
		0.00	6.91	1.84
7	吉林（0.87）	3.43	0.00	7.71
		1.01	6.99	1.92
8	黑龙江（0.77）	0.22	0.14	0.24
		0.06	0.40	0.10
9	上海（1.00）	0.95	1.02	0.88
		9.56	7.55	0.53
10	江苏（1.00）	3.55	3.05	5.83
		0.39	7.75	1.81
11	浙江（1.00）	6.95	0.90	5.95
		0.20	7.16	2.28
12	安徽（0.81）	0.00	6.50	1.47
		4.32	8.43	1.00
13	福建（1.00）	2.63	0.69	7.15
		3.05	8.32	0.70

序号	系数 省份(静态效率)	v_1	v_2	v_3
		v_4	u_1	u_2
14	江西(0.91)	3.65	0.00	8.21
		1.08	7.44	2.04
15	山东(1.00)	2.77	2.01	5.94
		0.13	6.56	0.91
16	河南(0.98)	0.00	9.12	5.02
		0.00	8.60	1.60
17	湖北(0.88)	0.00	0.00	4.12
		0.88	4.02	0.91
18	湖南(1.00)	0.55	5.81	8.85
		0.09	9.04	1.69
19	广东(1.00)	1.99	7.33	0.55
		1.96	7.36	1.06
20	广西(0.88)	0.00	3.36	6.99
		1.13	7.18	1.35
21	海南(1.00)	0.96	4.80	0.29
		7.00	8.62	0.47
22	重庆(1.00)	4.13	5.47	1.83
		0.43	8.61	0.71
23	四川(0.80)	0.23	0.22	0.11
		0.16	0.47	0.10
24	贵州(0.91)	0.00	4.16	0.30
		0.00	3.35	0.56
25	云南(0.68)	0.00	6.46	1.46
		4.30	8.39	0.99
26	陕西(0.76)	0.00	4.89	5.97
		0.91	7.41	1.34

续表

序号	系数 省份(静态效率)	v_1	v_2	v_3
		v_4	u_1	u_2
27	甘肃(0.62)	0.00	5.41	1.24
		3.67	7.15	0.84
28	青海(0.54)	0.09	0.13	0.00
		0.21	0.29	0.04
29	宁夏(0.72)	8.18	4.16	2.33
		0.00	9.14	2.69
30	新疆(0.74)	8.57	4.51	0.00
		0.00	6.80	2.42
31	西藏(0.88)	0.00	0.00	0.26
		7.85	0.00	4.05

对于公式(3.10)执行的收敛曲线,31个省份中每6个为一组的静态效率测度模型结果,见图3.3(省份序号同表3.2)。

31个省份住房公积金运行的静态效率排序见表3.3。

表3.3　31个省份住房公积金运行的静态效率排序

省份	静态 效率	省份	静态 效率	省份	静态 效率	省份	静态 效率	省份	静态 效率
北京	1.00	广东	1.00	贵州	0.91	辽宁	0.80	甘肃	0.62
上海	1.00	山东	1.00	湖北	0.88	四川	0.80	山西	0.57
天津	1.00	海南	1.00	广西	0.88	黑龙	0.77	青海	0.54
江苏	1.00	湖南	1.00	西藏	0.88	陕西	0.76	—	—
浙江	1.00	河南	0.98	吉林	0.87	新疆	0.74	—	—
福建	1.00	河北	0.94	内蒙古	0.83	宁夏	0.72	—	—
重庆	1.00	江西	0.91	安徽	0.81	云南	0.68	—	—

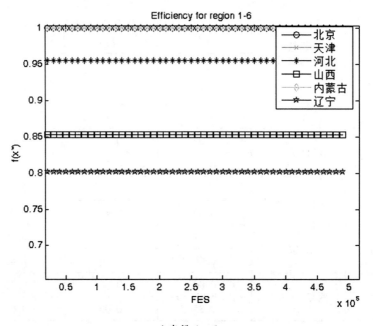

a）省份 1—6

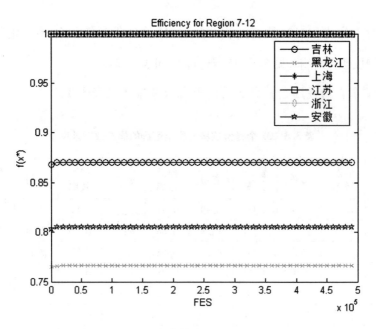

b）省份 7—12

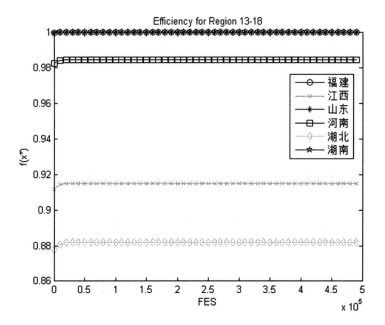

c）省份 13—18

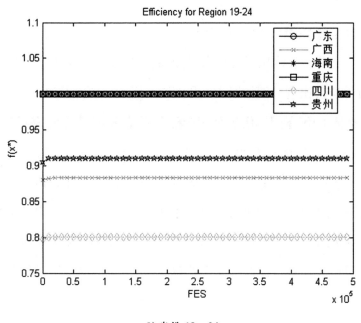

d）省份 19—24

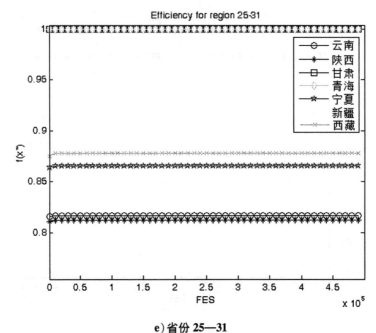

e) 省份 25—31

图 3.3　我国 31 个省份住房公积金运行静态效率收敛曲线

（二）全部 DMU 的静态效率测度

对于公式（3.11）执行的结果、收敛曲线以及在最优静态效率下我国 31 个省份所占比例分别如图 3.4 和图 3.5 所示。研究结果显示，我国 31 个省份整体 DMU 样本，住房公积金运行静态效率最优值为 0.78（见图 3.4），并未达到最优值 1，换言之，全国住房公积金运行静态效率的现有格局并未达到整体最优的有效状态，表明住房公积金在总体运行过程中尚有改进空间，也在一定程度上说明住房公积金运行系统中各资源间的组合没有达到最优，即一方面资金冗余，另一方面使用效率不高。

由 Matlab 运算得出的图 3.5 可知，各省份在整体效率最优状态下所占比例分布不均，有待进一步改进。其中，江苏、浙江、福建、广东、重庆这 5 个省份的比例较大，均超过 0.04，为对全国住房公积金运行静态效率影响较大的省份；北京、上海、天津、安徽、江西、山东、湖南、湖北、河南、河

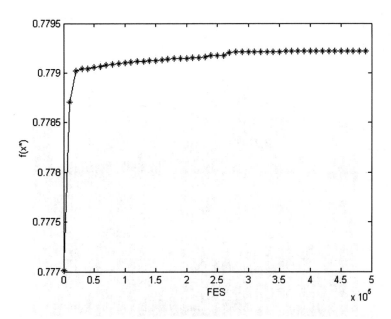

图3.4 31个省份整体住房公积金运行静态效率收敛曲线图

北、辽宁、吉林、黑龙江、广西、海南、四川、贵州、新疆18个省份的比例均超过0.03,为对全国住房公积金运行静态效率影响居中的省份;剩余省份为山西、内蒙古、云南、陕西、甘肃、青海、宁夏、西藏等8个省份,比例偏小,为对全国住房公积金运行静态效率影响较小的省份。

第二节 基于 DEA-BCC 模型的静态效率分析

前文选取受益率、保障力度、外部关联度、收入房价比4个指标作为住房公积金运行效率的投入指标,选取使用率、市场贡献率2个指标作为住房公积金运行效率的产出指标,采用差分进化算法优化的 DEA-CCR 效率模型,对全国整体及31个省份各自的住房公积金运行静态效率进行测度,取得一定效果。为深化理解住房公积金运行静态效率,下面继续选

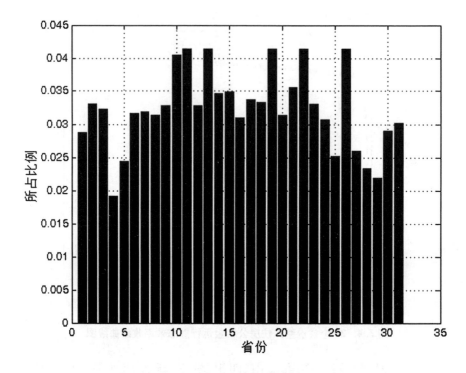

图 3.5　各省份在静态效率最优状态下所占比例

取 DEA-CCR 模型的一种变种 DEA-BCC 模型作进一步的实证分析,一方面为进一步验证前述静态效率的测度结论,另一方面可使效率研究更为精细,并把效率分解成 3 个子项,即把 DEA-CCR 模型中静态效率细化为综合技术效率、纯技术效率与规模效率。

一、指标体系构建与数据选取

运用 DEA-BCC 模型,也需选择适当的投入变量指标和产出变量指标。基于第二章"主成分分析"中构建的 12 个指标(见表 2.4),本章选取内部绝对指标中实缴职工数、城镇就业人数、全年缴存额、缴存总额、缴存余额作为投入变量,选取提取总额、全年发放金额、累计发放额、个贷余额、项目贷款余额作为产出变量,构建住房公积金运行静态效率分析指标体系,具体如表 3.4 所示。指标初始数据同表 2.1。

表 3.4 住房公积金运行静态效率分析指标体系

维度	指标名称
投入变量	实缴职工数
	城镇就业人数
	全年缴存额
	缴存总额
	缴存余额
产出变量	提取总额
	全年发放金额
	累计发放额
	个贷余额
	项目贷款余额

二、DEA-BCC 模型

CCR 模型中描述规模报酬(Returns To Scale,RTS)是不变的,它假设所有 DMU 都在以最优的规模从事生产,但在现实生产中,这一假定往往不能够达到,因此 Banker、Charnes 和 Cooper(1984)提出了 CCR 模型的优化模型,在 CCR 模型中增加了一个约束条件 $I\lambda = 1$,就得到了规模报酬可变的 BCC 模型。BCC 模型的方程如下:

$$
\begin{cases}
\min_{\theta,\lambda} \theta \\
s.t. -Y_i + Y\lambda \geq 0 \\
\theta X_i - X\lambda \geq 0 \\
\lambda \geq 0, I\lambda = 1
\end{cases}
\tag{3.12}
$$

BCC 模型与 CCR 模型略有不同,它将纯技术效率与规模效率从综合效率中分离出来[①]。由于综合技术效率(TE)= 规模效率(SE)×纯技术效率(PTE),通过 CCR 模型和 BCC 模型分别求得综合技术效率(TE)和纯技术效率(PTE),就可得到:规模效率=综合技术效率/纯技术效率,即 SE= TE/PTE。

三、计算结果与实证分析

经过 Deap2.1 软件对上述 5 个投入变量指标与 5 个产出变量指标的运算,得到我国 31 个省份住房公积金运行静态效率更为详细的测度结果,TE、PTE、SE 的结果呈现如表 3.5 所示。其中,将规模报酬情况在最后一列一并展示。

表 3.5　我国 31 个省份住房公积金运行综合技术效率、纯技术效率与规模效率

省份	TE	PTE	SE	规模报酬
北京	1	1	1	不变
天津	1	1	1	不变
河北	0.926	0.831	0.998	递增
山西	0.572	0.577	0.991	递减
内蒙古	0.948	0.957	0.99	递减
辽宁	0.911	0.913	0.998	递增
吉林	0.913	0.916	0.951	递增
黑龙江	0.875	0.849	0.988	递增
上海	1	1	1	不变
江苏	1	1	1	不变
浙江	1	1	1	不变
安徽	0.978	0.984	0.994	递减

---

①　周云波、武鹏等:《中国旅游业效率评价与投入改进分析》,《山西财经大学学报》2010年第 5 期。

省份	TE	PTE	SE	规模报酬
福建	1	1	1	不变
江西	0.938	0.952	0.985	递减
山东	0.869	0.869	1	递增
河南	0.920	0.865	0.979	递减
湖北	0.916	0.925	0.953	递增
湖南	0.922	0.947	0.973	递减
广东	0.992	1	0.992	递减
广西	0.918	0.933	0.984	递增
海南	0.927	1	0.927	递增
重庆	1	1	1	不变
四川	0.910	0.873	0.99	递减
贵州	0.925	0.954	0.988	递增
云南	0.892	0.897	0.994	递增
西藏	0.882	0.932	0.945	递增
陕西	0.854	0.883	0.924	递增
甘肃	0.803	0.843	0.964	递减
青海	0.798	0.812	0.798	递增
宁夏	0.841	0.923	0.936	递增
新疆	0.988	0.983	0.988	递减
平均数	0.917	0.923	0.975	—

（一）PTE 分析

由表3.5和图3.6可知,我国31个省份住房公积金运行的纯技术效率(PTE)的均值为0.923,总体来说,中国的住房公积金运行的纯技术效率处于较高的水平。其中北京、上海、天津、江苏、浙江、福建、重庆、广东、海南9个省份的纯技术效率值为1,相对最优;山东、河南、河北、四川、吉林、辽宁、云南、黑龙江、山西、甘肃、陕西、青海12个省份的住房公积金运行纯技术效率均低于全国的平均水平;相对纯技术效率值最小为山西的

0.577;显然,这一情况需要住房公积金管理者加以重视,并且不断改善以达到更好的效率水平。

相比东南部、中西部,东南部省份住房公积金纯技术效率整体上优于中西部省份,效率值为1的省份基本是东南沿海及直辖市的省份,所以提升中西部省份住房公积金运行静态效率水平对提高全国住房公积金运行静态效率具有重要意义。

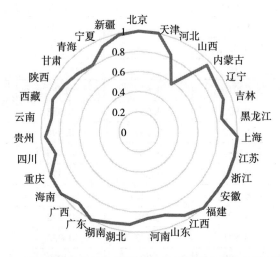

图 3.6　我国 31 个省份住房公积金运行纯技术效率 PTE 比较图

(二)SE 分析

根据表 3.5 测算结果可知,中国住房公积金运行的规模效率(SE)均值为 0.975,表明 31 个省份的规模效率整体较高,全国住房公积金的运行规模效率处于较为合理的水平。其中北京、上海、天津、浙江、江苏、福建、重庆、山东这 8 个省份的规模效率值为 1,是 31 个省份中住房公积金运行规模效率较好的省份,规模效率相对较小的省份为青海,规模效率值为 0.798,尚有较大改进空间。通过全国范围比较可知,中西部省份住房公积金运行的规模效率与东南部省份总体上较为接近,表明中西部省份住房公积金运行投入也已得到较好的产出,使得与东南部省份的差距不明显。我国 31 个省份的住房公积金运行规模效率值如图 3.7 所示。

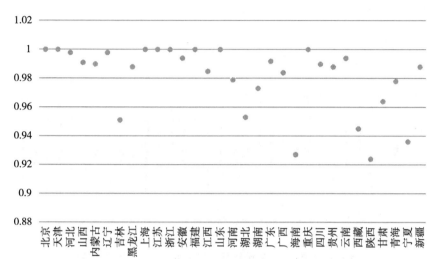

图 3.7 我国 31 个省份住房公积金运行规模效率值

(三)TE 分析

由于综合技术效率(TE)是纯技术效率(PTE)和规模效率(SE)的乘积,使得它能更好地反映 PTE 与 SE 的综合作用程度及体现住房公积金运行静态效率情况。表 3.5 和图 3.8 显示,31 个省份住房公积金运行综合技术效率的均值为 0.917。全国范围内,北京、上海、天津、江苏、浙江、福建、重庆这 7 个省份是综合技术效率较好的省份,广东紧接其后,这与前述 DEA-CCR 模型的静态效率实证结果逻辑吻合(见表 3.3);综合技术效率相对较小的省份是山西,效率值为 0.572,其次是青海的 0.798,均远低于全国平均值,表明这两个省份的住房公积金运行效率有待改进。通过比较可知,在综合技术效率方面中西部省份与东南部省份有明显差距,加强中西部省份住房公积金运行的专业水平迫在眉睫。

(四)RTS 分析

由表 3.5 知,在全国范围内,北京、上海、天津、浙江、江苏、福建、重庆

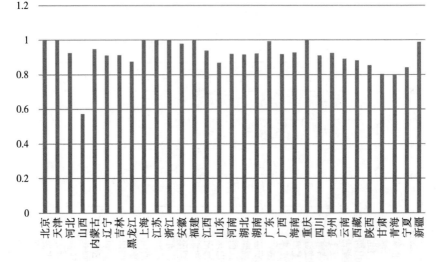

图 3.8　我国 31 个省份住房公积金运行综合技术效率值

这 7 个省份的规模报酬(RTS)不变,且这些省份的综合技术效率、纯技术效率、规模效率值均为 1,表明这 7 个省份住房公积金运行的投入与产出相对平衡。

广东、江西、四川、河南、安徽、新疆、内蒙古、湖南、甘肃、山西等省份的规模报酬为递减,这一特征表明这 10 个省份的住房公积金运行规模增长较快,导致投入产出比下降,效率降低,需要进行适当调整;也说明这些省份的住房公积金运行系统中各资源之间的组合未实现最优,并意味着单纯加大住房公积金运行的投入,并不能使住房公积金运行的静态效率持续改进。

河北、山东、海南、吉林、云南、黑龙江、湖北、陕西、贵州、西藏、宁夏、广西、青海的规模报酬为递增,表明这 13 个省份住房公积金运行的投入产出比得到了提升,住房公积金运行效率得到了改进。也意味着在现行政策下,加大住房公积金运行的投入,住房公积金运行静态效率会以更大的比值相应地改进。

进一步对比可知,在规模报酬递减的 10 个省份中,中西部省份比重较大,除广东外,有 9 个为中西部省份,其中西部省份 5 个,中部省份 4 个。规模递减表明住房公积金运行的产出相对不足,即投入未被充分利用,资源相对过剩。但是,住房公积金制度是构成当前中国住房保障与金融体系的重要方面,存在投入冗余或产出不足,不足以表示需要降低住房公积金的政策力度,而应科学调整产出,使住房公积金缴存职工充分享有政策的红利。所以,如何有效平衡中西部省份住房公积金运行的投入产出关系,应引起相应省份住房公积金管理者的重视。

第三节　静态效率外部影响因素分析

住房公积金运行的静态效率是通过提高住房市场化环境的职工住房消费能力来实现,因此静态效率离不开外部经济因素。为系统研究住房公积金运行效率与外部经济环境之间的关联关系,即住房市场方面中哪些因素影响住房公积金运行静态效率。下面在测算住房公积金运行静态效率及精细解析综合技术效率、纯技术效率与规模效率的基础上,进一步寻找影响住房公积金运行静态效率的外部相关因素。

一、分析方法选择

由于前面 DEA-BCC 模型计算出的各省份住房公积金运行的 TE 值取值范围是[0,1],属于截断数据。在建立计量经济学模型时若直接以其为被解释变量,并以常规最小二乘法对模型进行回归,则其参数的估计将有偏差、不稳定,且较难处理多变量的问题,而多元线性回归模型能够较好地克服此不足。

标准的多元线性回归模型如下:

$$Y_i^* = \beta X_i + \varepsilon_i \tag{3.13}$$

$$Y_i = Y_i^*, if \ Y_i^* \geq 0$$

$$Y_i = 0, if \ Y_i^* < 0$$

其中,Y_i^*为潜变量,Y_i为观察到的因变量,X_i为自变量,β为相关变量,ε独立且$\varepsilon \sim N(0_*\sigma)$。因此,$Y_i^* \sim N(\beta X_{i*}\sigma)$。

二、数据与变量选择

如前所述,由于综合技术效率是纯技术效率和规模效率的综合,相对更能代表住房公积金运行的静态效率情况,而住房公积金运行效率分析总体指标体系中外部环境变量指标有 4 项,见表 2.3。根据住房公积金实际运行特征、已有的文献及数据资料的可得性,在前面研究基础上,选取 31 个省份住房公积金运行的综合技术效率(TE)作为应变量(被解释变量),并对综合技术效率的具体数据进行正态化修正;选取衡量经济发展水平的 GDP、城镇居民人均可支配收入、住房销售总额、住宅平均销售价格等外部环境指标作为自变量(解释变量),并对 4 个自变量进行离散化修正;再以外部指标为自变量选取多元线性回归模型进行回归分析,从而探究住房公积金运行静态效率的外部影响机理。自变量、应变量指标数据见表 3.6。

表 3.6 我国 31 个省份住房公积金运行的外部环境指标及 TE 值

省份	GDP (亿元)	城镇居民人均可支配收入 (元)	住房销售总额 (亿元)	住宅平均销售价格(元/平方米)	综合技术效率
北京	19500.56	40321.0	2434.71	17854	1
天津	14370.16	32293.6	1443.34	8390	1
河北	28301.41	22580.3	2329.12	4640	0.926
山西	12602.24	22455.6	624.14	4211	0.572

续表

省份	GDP（亿元）	城镇居民人均可支配收入（元）	住房销售总额（亿元）	住宅平均销售价格（元/平方米）	综合技术效率
内蒙古	16832.38	25496.7	874.45	3863	0.948
辽宁	27077.65	25578.2	3941.86	4918	0.911
吉林	12981.46	22274.6	839.73	4228	0.913
黑龙江	14382.93	19597.0	1305.90	4435	0.875
上海	21602.12	43851.4	3264.03	16192	1
江苏	59161.75	32537.5	6777.70	6650	1
浙江	37568.49	37850.8	4513.88	11016	1
安徽	19038.87	23114.2	2662.04	4776	0.978
福建	21759.64	30816.4	3410.57	8618	1
江西	14338.50	21872.7	1396.06	4905	0.938
山东	54684.33	28264.1	4461.07	4797	0.869
河南	32155.86	22398.0	2516.26	3835	0.920
湖北	24668.49	22906.4	2310.04	4847	0.916
湖南	24501.67	23414.0	2114.97	3908	0.922
广东	62163.97	33090.0	7476.10	8466	0.992
广西	14378.00	23304.3	1166.72	4219	0.918
海南	3146.46	22928.9	997.00	8633	0.927
重庆	12656.69	25216.1	2283.57	5239	1
四川	26260.77	22367.6	3308.58	5086	0.910
贵州	8006.79	20667.1	988.77	3735	0.925
云南	11720.91	23235.4	1192.55	4176	0.892
西藏	807.67	20023.4	8.85	3883	0.882
陕西	16044.11	22858.4	1413.20	4991	0.854
甘肃	6268.01	18964.8	418.08	3684	0.803
青海	2101.05	19498.5	146.29	3957	0.798
宁夏	2565.06	21833.3	363.60	3917	0.841
新疆	8360.24	19873.8	710.74	3949	0.988

三、数据处理及结果分析

运用 Deap2.1 分析软件处理,4 个自变量离散化处理情况如表 3.7,可分为四类(第四类为好、第三类为较好、第二类为一般、第一类为较差)。

表 3.7 我国 31 个省份的外部经济数据标准化

省份	GDP(亿元)	城镇居民人均可支配收入(元)	住房销售总额(亿元)	住宅平均销售价格(元/平方米)
北京	2.00	4.0	2.00	4
天津	2.00	3.0	1.00	2
河北	2.00	2.0	2.00	1
山西	2.00	2.0	1.00	1
内蒙古	2.00	3.0	1.00	1
辽宁	2.00	3.0	2.00	1
吉林	2.00	2.0	1.00	1
黑龙江	2.00	1.0	1.00	1
上海	2.00	4.0	2.00	4
江苏	4.00	2.0	4.00	2
浙江	3.00	4.0	3.00	3
安徽	2.00	2.0	2.00	1
福建	2.00	3.0	2.00	2
江西	2.00	2.0	1.00	1
山东	4.00	3.0	3.00	1
河南	3.00	2.0	2.00	1
湖北	2.00	2.0	2.00	1
湖南	2.00	2.0	2.00	1
广东	4.00	3.0	4.00	2
广西	2.00	2.0	1.00	1
海南	1.00	2.0	1.00	2
重庆	2.00	3.0	2.00	1
四川	2.00	2.0	2.00	1

续表

省份	GDP（亿元）	城镇居民人均可支配收入（元）	住房销售总额（亿元）	住宅平均销售价格（元/平方米）
贵州	1.00	2.0	1.00	1
云南	2.00	2.0	1.00	1
西藏	1.00	2.0	1.00	1
陕西	2.00	2.0	1.00	1
甘肃	1.00	1.0	1.00	1
青海	1.00	1.0	1.00	1
宁夏	1.00	2.0	1.00	1
新疆	1.00	1.0	1.00	1

多元线性回归的结果如表 3.8。

表 3.8　多元线性回归模型结果

Coefficients[a]

Model	Unstandardized Coefficients		Standardized Coefficients	t	Sig.
	B	Std.Error	Beta		
（Constant）可支配收入	−1.188	.420	.474	−2.827	.008
	.501	.173		2.898	.007

a.Dependent Variable：NORMAL of 综合技术效率 using TUKEY

　　由多元线性回归测算结果可知，在 5%的显著水平下，经济发展水平的 GDP、住房销售总额、住宅平均销售价格 3 个变量均不显著，只有城镇居民人均可支配收入变量影响显著。

　　首先，城镇居民人均可支配收入变量值为 0.007，小于 0.05，影响显著，成为对住房公积金运行静态效率的影响产生正效应的主要因素。城镇居民人均可支配收入反映了住房公积金运行中投入的深度指标，在当前的住房公积金运作模式下，城镇居民人均可支配收入越大，住房公积金的归集潜力就越大,住房公积金运行中投入潜力相应增大,在投入的拉动下静态效率可得以提升。

其次,3个变量的显著性未通过,表明其对住房公积金运行静态效率的直接影响程度较弱,也揭示出目前中国住房公积金归集政策中强制缴存的不足。由于强制归集,使得住房公积金运行中投入是刚性的,不能很好地反映住房公积金运行的有效产出变化(在第五章将进一步剖析),也使得诸多参加住房公积金制度的缴存职工不能充分享有住房公积金制度带来的政策优惠。这也成为此后2015年住房公积金管理者放宽租赁提取政策,以进一步提高资金运行效率的动因之一。

最后,回归结果反映出外部因素整体对2014年的住房公积金运行静态效率影响不大,从侧面也反映出当年大量归集的住房公积金未被有效利用或用于购房贷款,沉淀资金过大。同时还表明,在当时的房地产市场环境下,适当降低住房公积金贷款门槛,扩大住房公积金贷款的惠及人群和贷款额度,是提高住房公积金运行静态效率的首选,这也是2015年国家连续五次降息中住房公积金四次连续降息的根本原因之一,并与2015年化解房地产库存成为结构性改革任务之一的逻辑是一致的。

四、静态效率问题解析及建议

综合住房公积金运行的静态效率实证分析可知,全国31个省份的DEA-BCC模型中综合技术效率(见表3.5)与前文DEA-CCR模型的静态效率测度结果(见表3.3)逻辑相似,且各省份的住房公积金运行综合技术效率、纯技术效率和规模效率存在一定的差距,其中需要提高效率的中西部省份居多。这进一步表明东西部省份之间住房公积金运行静态效率的差距,也验证了第三章中全国住房公积金运行的效率区域差异性。静态效率问题主要表现为:

第一,31个省份住房公积金运行中,住房公积金规模效率存在差异。有的省份纯技术效率最优而缺乏规模效率,如广东、海南;有的省份规模效率最优而缺乏纯技术效率,如山东。表明全国住房公积金运行中存在投入未充分利用或产出不足状况。

第二,31个省份间的住房公积金纯技术效率存在差异。有的省份纯技术效率最优且综合技术效率,如北京、天津、上海、江苏、浙江、福建、重庆;有的省份纯技术效率最优但缺乏综合技术效率,如广东、海南。表明中西部省份住房公积金运行静态效率水平难以与其经济增长水平和技术水平同步,影响着住房公积金运行的综合技术效率。

第三,31个省份间的住房公积金综合技术效率存在差异。东南部省份与中西部省份住房公积金运行在综合技术效率方面存在一定差距,表明东南部省份住房公积金运行的静态效率要优于中西部省份。

基于上述分析,显然投入过剩的省份,住房公积金的资源冗余,可缩减相应种类投入;而产出不足的省份,则住房公积金的收益缺失,可增加相应种类产出。针对住房公积金运行静态效率问题,本书提出以下规划建议。

第一,在制定全国住房公积金运行战略、目标与政策时,当前阶段暂不宜"一刀切",应充分考虑省份间差异,因时制宜,因地制宜,以协同创新牵引省份协同发展。长远看应突破封闭运营,全面放开区域限定,搭建全国统一的资金转移接续平台,整合全国住房公积金资源统筹运行,以增强住房公积金流动性,提高住房公积金运行效率。

第二,住房公积金的运行效率是以经济运行水平为基础,贷款发展与缴存情况呈现高度的正相关;提高经济运行水平,有利于提高归集额、个贷率、使用率,有利于住房公积金制度逐步适应未来"租购并举"为主要方向的住房制度改革。

第三,尊重住房公积金具有普遍的资金本性、运营规律,完善长期运行政策,深化体制改革,构建有利于推进住房公积金运行效率提升的机制,破解住房公积金保值增值及省份、全国统筹的难题,以可持续性地充分发挥住房公积金在提高住房消费能力、改善职工住房条件方面的积极作用。

第四,住房公积金运行静态效率差异现象是全国政策性住房金融发展过程中的一大特点,当前我国31个省份的住房公积金运行静态效率水平与经济运行水平基本相协调,为有效解决效率差异和分散运营共同构成的矛盾,应加强住房公积金制度的供给侧结构性改革,完善全口径管理。

第四章　住房公积金运行的动态效率分析

基于空间视角,前文对住房公积金运行的静态效率进行了定量测度及实证分析,并探究了效率的外部影响因素。静态效率是社会与公众对住房公积金运行关注较广的问题,住房公积金管理者应使积累资金在保值增值的同时促进社会经济建设,最大限度地发挥住房保障作用。动态效率是当前社会各界对住房公积金运行讨论较深的问题,多年来住房公积金运行的动态效率怎样? 产生当前动态效率问题的直接原因是什么,体制根源又是什么? 本章将基于时间视角,在解析住房公积金运行系统基础上,引入 DEA-Malmquist 模型对住房公积金运行的动态效率进行分析,并将均衡分析法和模型相结合,进一步深入地探究运行效率随着时间的变化规律,最后通过均衡分析剖析动态效率问题及原因。

第一节　住房公积金运行系统分析

住房公积金运行是一个复杂巨系统。住房公积金的运行以提取和贷款为主要方式来保障职工的基本住房权,深入分析住房公积金运行系统,有利于揭示住房公积金运行动态效率的机理。

一、住房公积金运行的系统主体

住房公积金运行的系统主体是指住房公积金缴存、使用与管理过程中的参与各方,即符合住房公积金缴纳条件的职工(以下简称"缴存职工"),住房公积金缴纳企业(以下简称"缴存单位"),住房公积金管理委员会(以下简称"管委会"),住房公积金管理中心(以下简称"公积金中心"),受管委会指定办理住房公积金各项金融业务的商业银行,担保公司,保险公司(以下简称"受托机构"),如图4.1。

(一)管委会

如第三章所述,全国住房公积金采用分散运行的模式,部、省两级为监管部门,省级人民政府所在地的市与其他设区的市通常设有管委会,主要负责住房公积金的决策与监督。按规定,管委会的成员中,人民政府与建设等有关部门负责人及有关专家占三分之一,工会代表、职工代表占三分之一,单位代表占三分之一,管委会主任通常应具有一定社会公信力。

(二)公积金中心

公积金中心是直属于当地人民政府的独立事业单位,其运行不以营利为目的。省级人民政府所在地的市与其他设区的市通常设有一个公积金中心,主要承担住房公积金的运作与管理;在有条件的县级城市可设立分中心,但需纳入统一管理。

(三)缴存职工

缴存职工是住房公积金运行中最重要的主体之一,既是资金的重要投入者,又是资金最直接的产出者和使用者。每个职工通常设立一个账户,职工和企业每月缴纳工资一定比例的资金,共同存入同一账户。待连续缴满一定时间后,当个人需要购房或租房时,可申请贷款或提取余额支付房租。当前,职工单纯依靠储蓄购房,需要很长的时间积累才能形成有效的购买力,而住房公积金的互助性质可以使得这一过程变得相对较短,在一定程度上提升住房消费的有效产出。

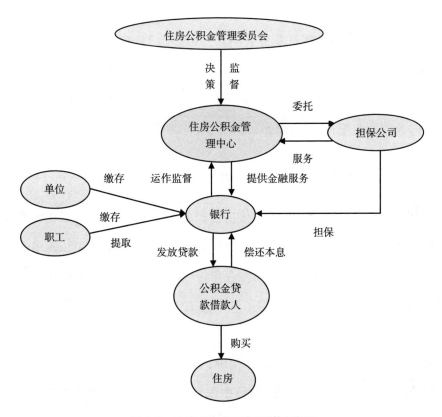

图4.1 住房公积金运行系统结构图

(四)缴存单位

缴存单位也是重要的资金投入者。住房公积金的缴存单位主要为国家机关、事业单位、国有企业等9类组织。缴存单位须严格按照当地管委会规定开设专门账户,并按照规定的缴存比例按时足量缴纳资金。缴存单位通常须到公积金中心办理缴存登记,单位新设立或发生撤销、破产等状况,均应当在规定时间办理登记;单位与职工建立或终止劳动关系的,单位也须办理登记,并持审核文件,到相应银行办理转移或者封存手续。

（五）受托机构

按照规定,管委会通常会指定办理住房公积金相关业务的银行,公积金中心则与对应银行签订业务合同,并开设专门账户。受托银行在公积金中心的监督管理下,主要开展缴存、结算等资金业务①。在实际运行中,有的公积金中心还委托住房置业担保公司等企业承担纯公积金贷款业务,上述商业银行及担保公司等企业统称为受托机构。

二、住房公积金运行的管理机制

根据上述分析可知,在整个住房公积金运作过程中,作为制度决策和审批方的管委会、资金运营和管理方的公积金中心、资金缴存和使用方的缴存职工、缴存资金主体之一的缴存单位、金融业务参办方的受托机构共同构成了住房公积金运行中的主要系统主体,住房公积金是各方各类关系的纽带。在住房公积金运行五大系统主体间构成了诸多委托关系:缴存职工和公积金中心之间的缴存代理,受托机构和公积金中心之间的储蓄代理等。从运行实践可知,当前中国住房公积金的运行实行"管委会决策—中心运作—银行专储—财政监督"的运行管理机制②,如图 4.1所示。

（一）管委会决策

"管委会决策"是指住房公积金管理委员会作为住房公积金运行的决策与管理机构,对有关资金运行的重大问题行使决策权。管委会在管理方面履行的决策职责是:根据相关法律、法规与政策,制定或调整住房

---

① 尹志锋:《从功能视角分析我国住房公积金体系的建设与发展》,《金融管理与研究》2011 年第 5 期。

② 刘文丽、罗能勤:《我国住房公积金制度改革问题探析》,《理论导刊》2014 年第 5 期。

公积金的具体管理措施,并予以监督检查;拟订当地住房公积金的缴存比例;确定住房公积金贷款的最高额度;审批各年度住房公积金的归集、使用计划及其执行情况的报告等。

(二)中心运作

"中心运作"是指在管委会的领导下,依法履行住房公积金的管理运作职责。公积金中心作为住房公积金归集、使用和管理的具体执行机构,主要职责有编制、执行住房公积金的资金归集、使用计划,负责记载缴存职工的住房公积金缴存、提取、使用等情况,承担住房公积金的运行核算,审批职工提取、使用住房公积金,负责住房公积金的保值与归还管理,编制住房公积金归集、使用计划执行情况的报告。

(三)银行专储

"银行专储"是指公积金中心在管委会指定的银行设立住房公积金专用账户,专项存储住房公积金。这是保障住房公积金运作安全和专项使用的重要措施。若让单位随意存入任意银行或其他金融机构,则无法实现对住房公积金的统一管理,专款专用更将得不到保证。此外《住房公积金管理条例》(以下简称《条例》)规定,公积金中心应当督促受托银行及时办理委托合同约定的业务。

(四)财政监督

"财政监督"是指财政机构对住房公积金的运作管理进行检查监督。财政监督的根本目的是防止住房公积金被挤占和挪用,规范住房公积金中心费用支出,使住房公积金的运行规范、高效,保障住房公积金的安全、完整。

《条例》及有关政策规定,公积金中心在编制归集、使用计划时,应当征询财政部门的意见;管委会在审批计划执行报告时,必须邀请财政部门共同进行;财政机构应当加强对地区内住房公积金归集、提取和使用情况的监督;同时公积金中心应当依法接受审计机构的审计监督。

三、住房公积金运行的系统特征

住房公积金运行的系统特征,主要包括住房公积金的属性特征、住房公积金的制度特征、住房公积金的运行特征三个方面。

(一)住房公积金的属性特征

通过前文住房公积金的内涵研究及运行系统分析可归纳得出,住房公积金具有以下主要属性。

1. 强制性

住房公积金具有强制性,主要是指储存行为是依据国家的相关法规必须进行的。在《国务院关于深化城镇住房制度改革的决定》(1994)中,对住房公积金的权属、资金来源、运用方向和使用方式有明确的规定①。政府通过法令实施住房公积金制度,具备规定条件的职工都必须参与强制性的储蓄,将收入的一部分强制限定于住房用途,虽然削弱了缴存主体的自由支配权,但是赋予其更多的保障功能。主要表现在:第一,它是政府对住房经济实施干预的重要工具,能有效保证住房消费资金积累;第二,强制储蓄可使住房保障提供的帮助更为普及化,能使更多的缴存者得到政策性住房信贷的支持。显然,住房公积金制度的强制储蓄,强有力地保障了住房公积金资金的积累和缴存者之间互助关系的形成,没有强制性就没有住房公积金。

2. 互助性

住房公积金具有互助性,这是住房公积金的重要特征。依照《条例》,无论是有房的职工还是无房的职工,也无论其是否有购买、建造、翻

---

① 中华人民共和国国务院:《国务院关于深化城镇住房制度改革的决定》,国发〔1994〕43号,1994年7月18日,见 http://www.gov.cn/zhuanti/2015-06/13/content_2878960.htm。

建、大修自住住房的计划,都需要缴存住房公积金。住房公积金实行"低存低贷"的筹集和贷款措施,集中了全社会的力量,形成长期稳定的住房建设和消费资金,并相对实现了住房资金的同城余缺调配,使得借款者能够以较低成本获得贷款以解决住房融资问题,为贷款职工提供了资金支持。可见,住房公积金属于职工互助性质的住房基金。

正是互助性使住房公积金这一机制得以建立,它将社会中个体成员间的资源分配的构成与利益进行了改造调整,利用一些合理的保证手段将闲置资源进行收集,并制定出相应的规则,依据需求将其分配到弱势的人群中,依据互助性贷款对一些中低收入人群予以支持,使他们能够住有所居。但这种互助性也导致出现了新型的利益冲突,如果能将此协调妥当,住房公积金互助性预期的效果才会更加有效、长久。

3. 政策性

住房公积金具有较强的政策性,这是住房公积金的基本属性。住房公积金是一种强制储蓄,由政府采用强制性手段筹集住房消费资金,目的是为了保证中低收入阶层有能力购买或者租用住房。其政策性体现在:第一,职工所属的单位要依据国家规定的比例为职工缴存住房公积金,这是单位依据政策给予职工的住房保障;第二,对单位的住房公积金支出,国家给予免交企业所得税的政策性优惠;第三,国家给予职工拥有的住房公积金和相应的利息资金享受免交个人所得税的福利;第四,低利率的住房公积金贷款和住房公积金贴息的商业贷款是国家给予政策性住房金融的倾斜政策。

4. 保障性

住房公积金具有较强的保障性,这是住房公积金的根本属性。实施住房公积金制度,不仅使得住房建设资金得以筹集,加强了社会住房建设,满足了广大在职职工的住房需求,而且更多的是为解决缴存职工购房

资金不足的问题①,为中低收入职工买房提供一定帮助。因此,住房公积
金是具有保障性质的住房基金。

此外,住房公积金还具有准公共产品属性。虽然住房公积金的款项
及部分收益归住房公积金缴存者所有,但因为这项专款具有的上述特征,
在住房公积金的运行过程中,是强制进行委托管理,职工个人没有直接占
有、处分和收益的权力。住房公积金缴存者拥有住房公积金和相关部分
收益的权利,表明它具备的根本属性是个人财产,对于支配权的分离,其
主要目的是实现其有利于社会经济的保障功能。住房公积金运行与银行
和存储人的契约关系有着根本区别,与财政资金具备的公共属性也不尽
相同,根据权属关系可将住房公积金界定为一项准公共产品。在政府、缴
存者和社会等各方力量监督下,住房公积金管理机构通过依法运行来实
现住房公积金的个人财产利益和社会住房保障利益这两种利益目标。

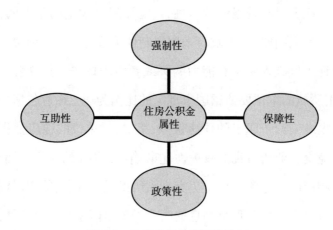

图 4.2　住房公积金的属性特征

(二)住房公积金制度的特征

2002 年的全国住房公积金工作会议指出,实行住房公积金制度,是

---

① 蒋华福:《美欧亚发达国家住房保障政策发展史评述及启示》,《上海党史与党建》2013
年第 4 期。

在社会主义市场经济条件下改善城镇居民住房条件的正确途径。完善住房公积金制度,进一步加强公积金管理,总的要求是:健全决策体制,调整管理机构,强化监督工作。第一,健全决策体制,就是要建立统一的住房公积金使用和管理的决策机构,规范决策机构人员的组成,形成科学、民主的决策机制。第二,调整管理机构,就是各地区要在所有地级以上城市,建立统一高效、运作规范的住房公积金管理中心。住房公积金管理中心直接隶属城市人民政府,是非营利性的独立的事业单位,不得挂靠任何部门和单位,也不得投资、参股或者兴办各类经济实体。第三,强化监督工作,就是要健全监督机制,明确监督责任,加大监督力度,确保公积金使用、管理的安全有效。完善同级监督,加强自上而下的监督,形成监督体系。建立健全各项监督制度和责任追究制度。改进和强化专职机构的监督手段,充分发挥社会监督的作用,提高监督水平。第四,规范发展业务,就是要依法运用公积金,改进服务方式,提高服务水平,积极发展个人住房贷款业务。[1] 2015 年的全国住房城乡建设工作会议上再次指出,要推进以满足新市民住房需求为主的住房体制改革,建立购租并举的住房制度,进一步用足用好住房公积金[2]。通过分析可知,住房公积金制度具有以下特征。

一是具有显著的住房保障特征。这是住房公积金制度的最基本属性。职工与所在单位依据规定按比例共同缴纳住房储金,这种强制性的方式可有效提高职工的购房消费力,使其在购房时能依据政策申请一笔住房抵押贷款,为中低收入群体解决住房困难提供了资金保障。如果职工没有使用这一资金的需求,可以在退休时一次性领取。由此,它不仅是

---

① 《2002 年全国住房公积金工作会议报告》,2002 年 5 月 19 日,见 http://www.cctv.com/news/xwlb/20020519/297.html。

② 《2015 年全国住房城乡建设工作会议报告》,2015 年 12 月 28 日,见 https://www.163.com/news/article/BBU9V5PM00014SEH.html。

对购房或租房的一项资金保障,还具备一定的社会保障属性。

二是具有明显的住房金融特征。这是住房公积金制度的最根本属性。住房公积金的运行是以住房买卖、租赁为核心形成的资金归集、贷款和提取业务等相应的资金活动。在行政的干预下,住房公积金为中低收入者提供政策性的金融扶持,为缴存者的贷款需求提供长期稳定的贷款来源和偿债资金,其对资金的消费在融资数量上、偿债方式以及空间活动上具有零散性和分散性,具有显著的金融特征。

(三)住房公积金的运行特征

住房公积金是一种长期住房储金,与其他资金比较,有上述专门特征,因此住房公积金的运行也有一些特有属性(如图4.3所示)。

1. 安全性

安全性是住房公积金运行的首要特征。《条例》规定,住房公积金归职工个人所有,政府和任何单位都不能擅自使用,因此住房公积金的运行首先须保证资金安全,个人合法财产受法律保护。

2. 保值性

保值性是住房公积金运行的根本特征。归职工个人所有的住房公积金受托由住房公积金管理机构运行,存储在银行里,为维护合法权益,应保障本金不贬值。

3. 增值性

增值性是住房公积金运行的重要特征。在安全、保值的基础上,应尊重住房公积金作为资金的属性,应实现其社会效益和经济效益的最大化,为职工的住房公积金创造更多的增值效益。

4. 法定性

住房公积金运行中的缴存比例、贷款利率、存款利率等都须依据法律规定,任何个人或单位不得随意改变,因此住房公积金运行具有强烈的法定特性。

5. 风险性

住房公积金有资金的属性,也遵循资金运行的规律,在运行过程中,必然存在一些潜在的损失或风险,因此住房公积金运行也具有风险性。

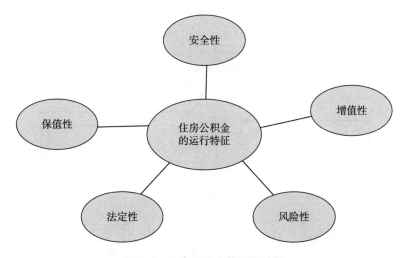

图 4.3　住房公积金的运行特征

通过上述住房公积金运行系统分析,解析了住房公积金运行的系统主体、管理机制、系统特征。基于此,下面再进一步对住房公积金运行的投产机制进行剖析。

四、住房公积金运行的投产机制

根据住房公积金运行系统中资金流向,系统总体可划分为投入、产出两个方面,见图4.4。投入主要是缴存和贷款本金偿还两个方面,产出主要是提取和贷款两个方面[1],住房公积金运行的投入产出机制结构见图

---

[1]　Jiang HF., Wang GB.,"Prediction of supply and demand of housing provident fund from the aspect of equilibrium warning",*International Journal of Wireless and Mobile Computing*, Vol.10, No.3 (June 2016), pp.286-291.

4.5。理想状态下,投入与产出是住房公积金运行的两个重要方面,有效的投入通过市场的潜在产出来实现;公积金中心根据住房公积金运行投入和产出的动态变化,不断调整住房公积金缴存和使用政策,最终实现住房公积金运行效率的帕累托最优。为更好地剖析动态效率及机理,下面从投入、产出两个角度分析住房公积金运行投入产出机制。

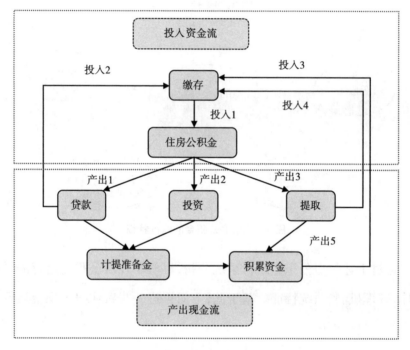

图4.4 住房公积金运行系统中投入产出资金流向

(一)住房公积金运行的投入机制

住房公积金为强制缴存的长期住房储金,住房公积金的缴存为职工和单位两部分。即职工个人缴存的住房公积金月缴存额=单位职工本人上一年度平均月工资×职工住房公积金的缴存比例,职工所在单位为职工缴存的住房公积金月缴存额=职工本人上一年度平均月工资×单位住房公积金的缴存比例。国家规定,不论是职工还是单位缴存的住房公积金,缴存比例均不应小于职工在上一年度月平均工资的5%;如果地方有条件,允许适当提高缴存比例。职工个人每月缴存的住房公积金,由所在单位从其工资中代扣代缴。无论职工个人缴存的住房公积金,还是职工所在单位为职工缴存的住房公积金,全部为职工个人所有(如图4.5所示)。根据实际运行可知①,住房公积金运行投入来源还有住房公积金的本金偿还额。显然,上述资金是住房公积金运行投入的主要来源。

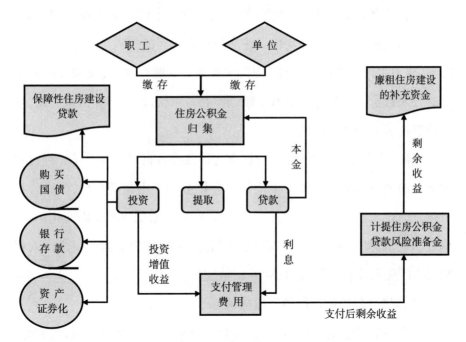

图4.5 住房公积金运行的投入产出机制结构图

在整个住房公积金运行投入系统中,住房公积金管理机构中管委会、公积金中心是住房公积金制度的权力主体,缴存单位和缴存职工是非权力主体,在权力主体与非权力主体参与制度安排的博弈中,由于权力主体在行政力量上处于优势地位,使得权力主体是决定住房公积金运行投入

---

① 实际运行中,不同省份的产出措施有所差异,投资中可选择性实施购买国债、资产证券化等。

的主导力量。在住房公积金制度约束下,非权力主体缴存公积金是强制性的,即在一定的法规约束下,权力主体提供住房公积金制度安排的能力和意愿是决定住房公积金运行投入变化的主导因素,并通过使用行政强制力产生强大的住房公积金运行投入规模效应。

此外,由于目标函数和约束条件的差异,权力主体、非权力主体对住房公积金运行投入制度安排的成本与收益的预期值是不一样的,导致缴存单位和缴存职工对住房公积金的产出与权力主体对制度投入的差异,即存在制度投入方面的不均衡。住房公积金运行的投入是通过行政法规归集,权力主体只要确定缴存范围、缴存基数和缴存比例,住房公积金运行的投入数量基本稳定。只有重新调整利益结构,改变博弈力量对比,才能改变住房公积金运行的投入①。

因此,从缴存维度看,住房公积金运行的投入机制实际上是一种行政主导下的强制性缴存模式。不论住房公积金的产出是否变化,住房公积金运行的投入基本是不变的,投入不会因产出的增加或减少而变化,受住房公积金借贷市场因素的影响较小。因此,住房公积金运行中的投入机制具有较强的刚性特征(如图4.6所示)。

(二)住房公积金运行的产出机制

根据《条例》,由图4.5可知住房公积金的使用主要有提取、贷款等;在保障职工能依政策获得提取和贷款资金的基础上,经管委会批准,公积金中心可用住房公积金购买国债。《条例》对住房公积金的提取、使用有严格的政策限制,根据规定,有以下情由之一的,职工可按政策提取账户内的缴存余额:购买、建造、翻建、大修自住住房的;离休、退休的;出境定居的;偿还购房贷款本息等。同样,《条例》对住房公积金的贷款也有明

---

① 陈美蓉:《住房公积金制度下各方关系博弈分析》,《西南交通大学学报(社会科学版)》2005年第4期。

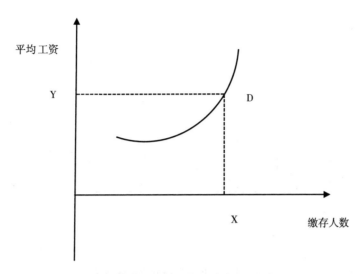

图 4.6　住房公积金运行投入规模曲线图

注:图中 X 轴表示缴存人数,Y 轴表示平均工资,D 为缴存额。

确的规定:缴存住房公积金的职工,只有在购买、大修、翻建、建造自住住房时,才可向公积金中心申请住房公积金贷款,且必须满足相应的贷款条件;公积金中心承担住房公积金贷款中存在的各类风险;其中增值收益主要用于贷款风险准备金、管理费用和廉租住房建设的补充资金。

此外,购买国债是国家允许的一种投资增值途径,本质上是一种投资方向,可不视为住房公积金的产出①。由此可见,住房公积金运行的产出主要为住房公积金贷款和住房公积金提取这两个方面,住房公积金运行的产出总量规模等于贷款规模和提取规模之和。影响住房公积金运行产出规模的主要因素有贷款利率、平均工资、购房面积、住房价格等。如图 4.7 所示,当住房价格不变时,住房公积金运行产出规模为 A 曲线;当平均工资不变时,住房公积金运行产出规模为 B 曲线。在住房价格和平均工资同时变动的状态下,住房公积金贷款的实际产出总量等于两条曲线的交点 C。

----

①　宋金昭:《住房公积金供求市场的非均衡模型研究》,《商业时代》2011 年第 13 期。

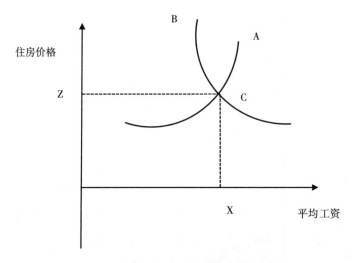

图 4.7　住房公积金运行产出规模曲线图

注:图中 X 轴表示平均工资,Z 轴表示住房价格,C 为住房价格和平均工资同时变动的状态下,住房公
　积金贷款的实际产出量。

　　综上投入产出机制分析,现实状态下,住房公积金运行的缴存和使用
构成相对的投入产出机制。在住房公积金运行的投入产出中,住房公积
金运行的投入主要靠制度的强制性推动,制度行政力的高低影响住房公
积金运行投入规模的大小,是刚性的;只有住房公积金运行的产出受外部
因素影响,是弹性的,显然与住房公积金运行的理想状态不同,这成为住
房公积金运行投入产出均衡及效率问题的根源。

第二节　基于 DEA-Malmquist 模型的
动态效率分析

　　在第三章静态效率分析中运用 DEA 方法的 CCR、BCC 两个模型,仅能
测度某一时刻住房公积金运行效率的静态水平,虽然通过多元线性回归组
合模型可以解析外部因素,却无法考察一段时期内效率的动态变化情况,

而 DEA 方法的 Malmquist 指数法能较好地解决这个问题①。将 Malmquist 模型引入时间变量,可从时间的角度,对决策单元进行动态的评价。

一、指标体系构建与数据选取

鉴于住建部仅首次公布了截至 2014 年的全国住房公积金运行数据(至今为止行业里唯一的全国数据),使得本章无法从时间视角上对全国整体住房公积金运行情况进行纵向对比实证。为使研究更有实用价值,本书在动态效率分析中根据实际调整研究对象,即在 31 个省份住房公积金运行效率水平分类(见表 2.18)的第一类中选取 S 省为样本。一则该省份的住房公积金运行相对成熟,在全国范围有一定的示范性,能够代表中国住房公积金运行效率水平及过去运行状况;二则该省份住房公积金运行的历年数据齐全完整,能够实现从时间纵向维度剖析住房公积金运行动态效率的目标。

此外,考虑住房公积金的个人贷款业务主要从 1999 年开始(见第三章),故本章结合前面的住房公积金运行投产机制分析,基于住房公积金运行投入产出中主要 4 个方面(见图 4.4、图 4.5),选取 S 省 1999 年—2014 年期间(行业的核心运行期)住房公积金运行投入产出数据作为实证基础,见表 4.1。

表 4.1 1999 年—2014 年住房公积金运行投入产出数据 (单位:亿元)

年份	归集额 X_1	个贷本金回笼 X_2	提取额 Y_1	个贷额 Y_2
1999	68.24	14.5	29.6	73.53
2000	81.61	22.47	76.13	86.45

① 刘佳、陆菊等:《基于 DEA-Malmquist 模型的中国沿海地区旅游产业效率时空演化、影响因素与形成机理》,《资源科学》2015 年第 12 期。

续表

年份	归集额 X_1	个贷本金回笼 X_2	提取额 Y_1	个贷额 Y_2
2001	92.97	47.1	49.68	104.51
2002	109.42	66.74	62.98	119.55
2003	141.07	85.88	83.81	114.39
2004	159.29	104.76	97.16	104.57
2005	199.29	101.29	115.14	89.73
2006	204.51	105.06	125.84	186.25
2007	231.89	121.61	147.38	287.94
2008	242.48	129.08	163.42	198.79
2009	337.84	191.27	188.78	566.04
2010	390.36	202.33	226.13	302.93
2011	467.38	189.39	240.41	265.05
2012	594.64	192.99	282.3	410.38
2013	641.65	246.75	376.37	614.56
2014	737.3	248.51	447.18	472.2

二、DEA-Malmquist 模型

令有 n 个决策单元,在 t 期每个决策单元有 m 种输入、s 种输出。

$x_j^t = (x_{1j}^t + x_{2j}^t, \cdots, x_{mj}^t)^T$ 表示第 j 个决策单元在 t 期的输入值,$y_j^t = (y_{1j}^t + y_{2j}^t, \cdots, y_{sj}^t)^T$ 表示第 j 个决策单元在 t 期的输出值,x_j^t 和 y_j^t 均为正数,t = 1, 2, …, T。

由观测到的决策单元所构成的 t 期规模报酬不变的集为:

$$S^t(C) = \{(x^t, y^t) \,\Big|\, x^t \geq \sum_{j-1}^m x_j^t \lambda_j, y^t \sum_{j-1}^m y_j^t \lambda_j, \sum_{j-1}^m \lambda_j = 1, \lambda_j \geq 0, j = 1, 2, \cdots, n\}$$

由观测到的决策单元所构成的 t 期规模报酬可变的集为:

$$S^t(V) = \{(x^t, y^t) \,\Big|\, x^t \geq \sum_{j-1}^m x_j^t \lambda_j, y^t \sum_{j-1}^m y_j^t \lambda_j, \sum_{j-1}^m \lambda_j = 1, \lambda_j \geq 0, j = 1,$$

$2,\cdots,n\}$

在规模报酬不变的情形下,假设(x^t,y^t)在 t 期的距离函数为$D_C^t(x^t,$ $y^t)$,在 t+1 期的距离函数为$D_C^{t+1}(x^t,y^t)$,(x^{t+1},y^{t+1})在 t 期的距离函数为$D_C^t(x^{t+1},y^{t+1})$,在 t+1 期的距离函数为$D_C^{t+1}(x^{t+1},y^{t+1})$。

在报酬可变的情形下,假设(x^t,y^t)在 t 期的距离函数为$D_V^t(x^t,y^t)$,在 t+1 期的距离函数为$D_V^{t+1}(x^t,y^t)$,(x^{t+1},y^{t+1})在 t 期的距离函数为$D_V^t(x^{t+1},y^{t+1})$,在 t+1 期的距离函数为$D_V^{t+1}(x^{t+1},y^{t+1})$。

设在 t 期的技术环境下,由 t 至 t+1 期的技术效率的变化为:

$$M^t = \frac{D_C^t(x^{t+1},y^{t+1})}{D_C^t(x^t,y^t)} \tag{4.1}$$

设在 t+1 期的技术环境下,由 t 至 t+1 期的技术效率的变化为:

$$M^{t+1} = \frac{D_C^{t+1}(x^{t+1},y^{t+1})}{D_C^{t+1}(x^t,y^t)} \tag{4.2}$$

取两个 Malmquist 运行效率指数的几何平均值来计算 t 至 t+1 期运行效率的变化:

$$M^{ST} = M(x^t, y^t, x^{t+1}, y^{t+1}) = (M^t \times M^{t+1})^{\frac{1}{2}} = \left[\frac{D_C^t(x^{t+1},y^{t+1})}{D_C^t(x^t,y^t)} \times \right.$$

$$\left.\frac{D_{C+1}^t(x^{t+1},y^{t+1})}{D_C^{t+1}(x^t,y^t)}\right]^{\frac{1}{2}} \tag{4.3}$$

根据 Ray 和 Desli 的分解模型,Malmquist 指数可以进行如下分解:

$$M^{ST} = \left[\frac{D_C^t(x^{t+1},y^{t+1})}{D_C^t(x^t,y^t)} \times \frac{D_{C+1}^t(x^{t+1},y^{t+1})}{D_C^{t+1}(x^t,y^t)}\right]^{\frac{1}{2}} = \frac{D_V^{t+1}(x^{t+1},y^{t+1})}{D_V^t(x^t,y^t)} \times$$

$$\left[\frac{D_V^t(x^t,y^t)}{D_V^{t+1}(x^t,y^t)} \times \frac{D_V^t(x^{t+1},y^{t+1})}{D_V^{t+1}(x^{t+1},y^{t+1})}\right]^{\frac{1}{2}} \times \left[\frac{D_C^t(x^{t+1},y^{t+1})/D_V^t(x^{t+1},y^{t+1})}{D_C^t(x^t,y^t)/D_V^t(x^t,y^t)} \times \right.$$

$$\left.\frac{D_C^{t+1}(x^{t+1},y^{t+1})/D_V^{t+1}(x^{t+1},y^{t+1})}{D_C^{t+1}(x^t,y^t)/D_V^{t+1}(x^t,y^t)}\right] = TE \times TC \times SE = TC \times TEC \tag{4.4}$$

其中 TEC 表示 t 期到 t+1 期所发生的综合技术效率变化,TC 表示 t 期到 t+1 期所发生的变化指数;综合技术效率变化指数主要用以测度被考察单元与函数之间的距离,表明在给定投入的情况下被评价对象获得最大产出的能力;运行效率进步指数主要用以测度效率改进或者效率进步,通常可以运用 DEA 的 CCR 模型求解出上式的 Malmquist 指数,利用 DEA 软件可直接进行测算。当 M^{ST} 大于 1 时,运行效率进步;当 M^{ST} 小于 1 时,运行效率退步;当 M^{ST} 等于 1 时,运行效率不变。当技术效率变化指数或是运行效率进步指数大于 1,即表示它是运行效率增长的源泉;反之,则是运行效率降低的根源。

也就是说,Malmquist 指数是衡量运行效率从 t 期到 t+1 期的动态变化指数[1]。当该指数大于 1 时,表明从 t 期到 t+1 期运行效率有所提高;当该指数值等于 1 时,表明从 t 期到 t+1 期综合技术效率不变,住房公积金运行效率未发生变化;当该指数值小于 1 时,表明从 t 期到 t+1 期综合技术效率呈下降趋势,住房公积金运行效率有所下降。

即,综合技术效率变化指数(TEC)表示从 t 期到 t+1 期每个观察对象在 t 期至 t+1 期的综合技术效率变动程度。

(1)TEC>1 表示综合技术效率改善,即住房公积金的运行效率提升;

(2)TEC<1 表示综合技术效率降低,即住房公积金的运行效率未提升。

三、计算结果分析

根据 DEA-Malmquist 模型的原理,经软件运算,可得如下结果(见表 4.2)。

---

[1] 参见吕秀萍:《中国保险业效率的理论和实证分析》,冶金工业出版社 2008 年版。

从表 4.2 可知,从 1999 年到 2014 年,S 省的住房公积金运行 16 年来,住房公积金运行综合效率的改进系数为 0.994,接近 1,表明综合技术效率总体改进基本未变。过去 16 年期间,以 1999 年为基准,有 2000 年、2003 年、2006 年、2007 年、2009 年、2012 年、2013 年这 7 年为综合技术效率改进年份,2001 年、2002 年、2004 年、2005 年、2008 年、2010 年、2011年、2014 年这 8 年为综合技术效率恶化年份。

其中 2000 年相比 1999 年,S 省住房公积金运行的综合技术效率得到改善。此后在 2001 年、2002 年,连续两年未得到改善,而是进一步降低。在 2003 年运行效率改进后,2004 年、2005 年该省的综合技术效率又连续降低。此后随着环境的变化,该省在 2006 年、2007 年、2009 年、2012 年、2013 年的住房公积金运行综合技术效率均动态提高,在 2008年、2010 年、2011 年、2014 年的住房公积金运行综合技术效率则分别下降。

根据西方主流经济学均衡理论,均衡是有效率的,不过它是短期的,而非均衡才是一种常态;原因的差异会产生性质不同的非均衡状况,运行效率也随之导致较大差异;提升效率的唯一路径就是变动非均衡的性质,把非均衡的程度降到最低[①]。作为住房保障政策主体之一的住房公积金制度,运行具有区域性、垄断性、封闭性、政府干预性,特别是运行中缴存的刚性特征及其投产机制实际状态,使得非均衡的程度大增。而住房公积金运行是否处于均衡状态,对住房公积金运行高效与否,对改善城镇居民居住条件,保障住房制度改革的顺利进行,都具有重要意义。本章在住房公积金运行动态效率分析基础上,继续探究动态效率内部的深层机理。

---

① 彭晓华:《基于效率与公平的我国城镇住房发展模式研究》,暨南大学企业管理系 2007年博士学位论文,第 43 页。

表 4.2　2000 年—2014 年 S 省住房公积金运行综合技术效率及变化指数

年份	effch	techch	pech	sech	tfpch
2000	1.000	1.454	1.000	1.000	1.454
2001	1.000	0.780	1.000	1.000	0.780
2002	1.000	0.761	1.000	1.000	0.761
2003	1.000	1.163	1.000	1.000	1.163
2004	1.000	0.923	1.000	1.000	0.923
2005	1.000	0.806	1.000	1.000	0.806
2006	1.000	1.468	1.000	1.000	1.468
2007	1.000	1.187	1.000	1.000	1.187
2008	1.000	0.718	1.000	1.000	0.718
2009	1.000	1.517	1.000	1.000	1.517
2010	1.000	0.693	1.000	1.000	0.693
2011	1.000	0.806	1.000	1.000	0.806
2012	1.000	1.132	1.000	1.000	1.132
2013	1.000	1.226	1.000	1.000	1.226
2014	1.000	0.832	1.000	1.000	0.832
均值	1.000	0.994	1.000	1.000	0.994

第三节　动态效率内部机理分析

住房公积金运行的投入和产出是一个整体,相互联系又相互影响。根据上述分析,当前住房公积金运行的投入有住房公积金的缴存及个人贷款的本金偿还;产出有住房公积金的提取、个人贷款,这两方面的平衡即构成住房公积金运行投入产出均衡。当住房公积金运行投入大于产出,大量住房公积金积累在银行,导致住房公积金处于贬值状态;当住房公积金运行投入小于产出,资金保有量不足,导致职工的提取和贷款产出无法满足,则影响住房公积金的运行效率,并最终阻碍住房保障目标的实现。

一、分析模型选取

（一）均衡模型的建立思路

1. 需要根据住房公积金运行投入和产出的现状来确定住房公积金运行投入和产出的评价指标。

2. 对监测的指标进行分类，分别确定住房公积金运行的投入指数和产出指数，这些指数反映了住房公积金运行投入和产出的能力。

3. 运用评分法建立产出指数和投入指数的评价模型，并确定判断的标准和合理的区间。

4. 利用均衡指数来判断住房公积金运行投入和产出的均衡情况。

（二）均衡模型的建立步骤

1. 搜集数据及评价数据的标准化处理

标准化数据＝［（当年数据－前一年数据）／当年数据］×100%   （4.5）

2. 影响因子的得分的计算

采用线性内插法，将历年最大的标准化数据赋值 10 分，最小的赋值 1 分，其他年份的数据通过计算得出。设某一个指标历年的最大值是 A，最小值是 B，当年标准化后的值为 C，则各个因子相应的得分 F_i 为：

$$F_i = 10 - 9 \times (A - C)(A - B) \tag{4.6}$$

3. 投入指数和产出指数的计算

选取归集额 X_1、个贷本金回笼 X_2 作为投入的因素，提取额 Y_1、个贷额 Y_2 作为产出的因素，则建立如下的投入指数（SI）和产出指数（DI）为：

$$SI = f(X_1, X_2), DI = f(Y_1, Y_2) \tag{4.7}$$

当有 n 个指标的时候，得分的最高分为 10n，最低分为 n，用指标的综合得分除以最高得分（10n）就是投入指数或者产出指数的数值。

4. 均衡指数的计算

均衡指数是反映住房公积金运行投入产出均衡关系的检测指标,定义均衡指数为:均衡指数=投入指数/产出指数。 (4.8)

(三)投入产出均衡标准的判断确定

对住房公积金运行投入产出均衡的判断标准也采用系统化方法,原理同第三章(如表3.6所示)。本章则采用住房公积金偏好时的半数原则,鉴于各指标在半数年份均为正常,并将指标 X 的一半年份的区间作为正常区间。其表达式为:$P\{|X - \mu| < x_i\} = 0.5$,由正态分布计算得出,$x_i = 0.68\sigma$,则指标 X 的正常区间为:$(\mu - 0.68\sigma, \mu + 0.68\sigma)$ [①]。

研究中,根据历年住房公积金运行的波动状况,住房公积金运行投入均衡指标的强度可分为很强、较强、适度、较弱、很弱五种状态[②],如表 4.3 所示。

以各个定量指标为研究对象,分析各个指标的变动情况。

由于 X 的范围在:$(\mu - 0.68\sigma, \mu + 0.68\sigma)$

层次之间间隔为:$\{(\mu + 0.68\sigma) - (\mu - 0.68\sigma)\}/(5 - 1) = 0.34\sigma$

X 表示投入产出指数,只有当供求与产出相等的时候即 X＝1,为理想状态,而 μ 是 X 的数学期望值,于是 $\mu = 1$。因此得出住房公积金均衡判断标准,见表4.3。

表4.3　住房公积金均衡判断标准

强弱等级	均衡程度	指标范围
很强	投入严重大于产出	$X \geqslant 1 + 0.68\sigma$

---

① 孙剑、李启明、刘哲、廖玉平:《中国建筑业供求关系监测模型研究》,《建筑经济》2005年第7期。

② 温雅:《西安市住房公积金供需均衡的监测研究》,西安建筑科技大学工程经济与管理系 2015 年硕士学位论文,第41页。

续表

强弱等级	均衡程度	指标范围
较强	投入大于产出	$1 + 0.34\sigma \leqslant X < 1 + 0.68\sigma$
适度	投入产出均衡	$1 \leqslant X < 1 + 0.34\sigma$
较弱	投入小于产出	$1 - 0.34\sigma \leqslant X < 1$
很弱	投入严重小于产出	$1 - 0.68\sigma \leqslant X < 1 - 0.34\sigma$

二、投产均衡实证分析过程

（一）标准化处理

对表4.1中住房公积金运行投入产出的初始数据依据公式(4.5)进行标准化处理,得到如表4.4所示的标准化数据。

表4.4　S省2000年—2014年住房公积金运行投入产出数据标准化结果

年份	归集额 X_1	个贷本金回笼 X_2	提取额 Y_1	个贷额 Y_2
2000	0.16	0.35	0.61	0.15
2001	0.12	0.52	−0.53	0.17
2002	0.15	0.29	0.21	0.13
2003	0.22	0.22	0.25	−0.05
2004	0.11	0.18	0.14	−0.09
2005	0.20	−0.03	0.16	−0.17
2006	0.03	0.04	0.09	0.52
2007	0.12	0.14	0.15	0.35
2008	0.04	0.06	0.10	−0.45
2009	0.28	0.33	0.13	0.65
2010	0.13	0.05	0.17	−0.87
2011	0.16	−0.07	0.06	−0.14
2012	0.21	0.02	0.15	0.35
2013	0.07	0.22	0.25	0.33
2014	0.13	0.01	0.16	−0.30

（二）计算各指标的综合得分

由表 4.4 可知,归集额的最大值和最小值分别是 0.28 与 0.03,个贷回笼本金的最大值和最小值分别是 0.52 和 -0.07,提取额的最大值和最小值分别是 0.61 与 -0.53,个贷额的最大值和最小值分别是 0.65 与 -0.87。

通过公式(4.6)计算得到各指标的综合得分,如表 4.5 所示。

表 4.5　指标的综合得分

年份	归集额 X_1	个贷本金回笼 X_2	提取额 Y_1	个贷额 Y_2
2000	9.74	9.12	12.54	3.15
2001	9.64	10.00	4.51	3.47
2002	9.71	8.80	9.73	2.83
2003	9.87	8.42	9.99	0.48
2004	9.63	8.20	9.21	-0.16
2005	9.82	7.06	9.34	-1.15
2006	9.43	7.43	8.84	8.20
2007	9.64	7.96	9.27	5.94
2008	9.47	7.55	8.93	-5.03
2009	10.00	8.97	9.19	9.98
2010	9.67	7.53	9.40	-10.77
2011	9.74	6.88	8.66	-0.85
2012	9.85	7.34	9.29	5.95
2013	9.53	8.40	10.00	5.65
2014	9.66	7.28	9.36	-3.02

（三）计算投入指数、产出指数与均衡指数

根据前文中的投入指数、产出指数计算公式(4.7)、公式(4.8),由表 4.5 可以得到住房公积金运行产出指数、投入指数和均衡指数,见表 4.6。

表 4.6　产出指数、投入指数与均衡指数

年份	SI	DI	BI
2000	0.47	0.39	1.20
2001	0.49	0.20	2.46
2002	0.46	0.31	1.47
2003	0.46	0.26	1.75
2004	0.45	0.23	1.97
2005	0.42	0.20	2.06
2006	0.42	0.43	0.99
2007	0.44	0.38	1.16
2008	0.43	0.10	4.25
2009	0.47	0.48	0.99
2010	0.43	−0.03	−12.56
2011	0.42	0.20	2.13
2012	0.43	0.38	1.13
2013	0.45	0.39	1.15
2014	0.42	0.16	2.67

（四）计算投入产出均衡标准

由表 4.6 中 BI 值计算得出标准差 $\sigma = 0.735$，并代入表 4.3，可得出住房公积金投产均衡判断标准，见表 4.7。

表 4.7　住房公积金投产均衡判断标准

均衡程度	指标范围
投入严重大于产出	$BI \geqslant 1.5$
投入大于产出	$1.25 \leqslant BI < 1.5$
投入产出均衡	$1 \leqslant BI < 1.5$
投入小于产出	$0.75 \leqslant BI < 1$
投入严重小于产出	$BI \leqslant 0.75$

（五）判断投入产出均衡结果

由此,可以得到 S 省 2000 年—2014 年住房公积金运行投入产出均衡情况,如表4.8 所示。

表 4.8　S 省 2000 年—2014 年住房公积金运行投入产出均衡结果

年份	BI	均衡情况
2000	1.20	投入产出均衡
2001	2.46	投入严重大于产出
2002	1.47	投入大于产出
2003	1.75	投入严重大于产出
2004	1.97	投入严重大于产出
2005	2.13	投入严重大于产出
2006	1.03	投入产出均衡
2007	1.20	投入产出均衡
2008	3.92	投入严重大于产出
2009	1.01	投入产出均衡
2010	−2.33	投入严重小于产出
2011	2.07	投入严重大于产出
2012	1.19	投入产出均衡
2013	1.22	投入产出均衡
2014	2.71	投入严重大于产出

三、动态效率问题解析及建议

通过上述均衡分析,由表4.8 可知在 2000 年—2014 年 S 省住房公积金运行投入产出有 6 年处于均衡状态,有 9 年处于非均衡状态,即住房公积金的缴存和使用未达到平衡。由图4.8 可知,其中均衡状态的年份为:2000 年、2006 年、2007 年、2009 年、2012 年、2013 年;其中非均衡状态的年份为:2001 年、2003 年、2004 年、2005 年、2008 年、2011 年、2014 年,住房公积金运行处于投入严重大于产出的状态;2002年处于投入大于产出的状态;2010年住房公积金运行处于投入严重小于产出的状态。

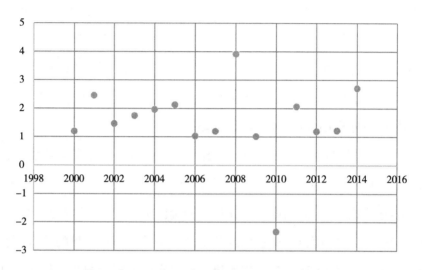

图 4.8　S 省 2000 年—2014 年住房公积金运行投入产出均衡指数分布

图 4.8 均衡分析结果进一步呈现了表 4.2 中动态效率分析结果的内部机理。具体为 2000 年、2006 年、2007 年、2009 年、2012 年、2013 年住房公积金运行处于投入产出均衡的状态,这 6 年也正是综合技术效率改进年份;而 2001 年、2002 年、2003 年、2004 年、2005 年、2008 年、2010 年、2011 年、2014 年住房公积金运行处于投入产出非均衡状态,这 9 年正是综合技术效率降低年份。总体上,投入产出处于均衡状态的效率改进与非均衡状态的效率降低年份相当,这显然和效率动态分析中住房公积金运行综合效率的 15 年来改进系数为 0.994(接近 1)结论是吻合的,从而得出 2000 年到 2014 年 S 省住房公积金运行综合技术效率总体改进基本未变。正如前文所述,西方主流经济学均衡理论认为均衡是有效率的。住房公积金运行中投入产出均衡情况是动态效率问题的直接原因。

透过住房公积金运行投入产出均衡现象,究其效率问题体制、机制原因,主要有两个方面。

(1)由于住房公积金运行的投入中缴存具有行政强制性,不受市场约束,只有产出中贷款受住房消费市场的影响,导致投入和产出之间不能按照市场的投入产出规律进行调节,归集资金仅仅代表了投入的总量,而不能反映住房公积金的有效投入;产出数量也仅仅代表区域内部的实际产出,而不能充分反映住房公积金有效产出,住房公积金运行中投入产出的市场调节的作用程度不强,这是重要原因。

(2)在设计住房公积金制度时,制度设计者出于资金安全角度,为了防止出现资金流失风险而实行一种封闭式的资金运行模式。这种封闭式的资金运作模式,一方面保障了住房公积金的资金安全,使资金免受市场波动影响,另一方面也使得各地的住房公积金处于一种分离的状态,资金沉淀现象较明显,无法根据区域的投入产出实际实现全国范围最佳流动,各地的融资和资金调配也只能依靠本地内部解决,缺乏外部支持。这个运行模式人为地将各省份的住房公积金资本市场与金融市场隔离开来,无法通过外部资金拆借进行调节,不能实现资金的横向移动并产生规模效益,这是造成当前住房公积金运行效率不高的根本原因。

此外,正如第三章所述的全国范围存在较大的运行效率地域性差异。由于各省份职工对购房贷款的需求程度和贷款的经济承担能力都不尽相同,东部经济发达省份,如北京、上海、天津等地人口密度较大,住房需求相对强烈,金融机构也较多,住房公积金使用率有的甚至超过了90%,远远超过全国平均水平,资金供不应求的现象时常出现①。而中西部和边疆地区等经济欠发达省份,如西藏、甘肃、贵州等,有的住房公积金使用率不足30%,有的使用率长期在10%左右,资金大量沉淀在银行并面临着

---

① 张兴文:《论中国住房公积金管理存在的问题与对策》,《经济研究导刊》2013年第24期。

贬值风险①。现阶段中国住房公积金运行由于是独立分散完成的,省份间缺乏沟通和合作的有效渠道,再加上政策上的一些限制,使得目前的住房公积金运行还无法实现形成全国一体化运作与统筹,造成各地缴纳的住房公积金只能在本地流动和使用,运行的动态效率受到极大限制。当前封闭运行的模式,不能实现资金的横向流动并产生规模效益,也不适应目前全国各省份住房公积金运行投入产出差异的实际情况。所以如何跨区域统筹住房公积金资金运行是管理者未来几年亟待解决的问题。

基于上述分析,针对住房公积金运行动态效率问题,本书提出如下具体建议。

(1)在制度覆盖方面,要针对城市农民工市民化的社会发展趋势,把住房公积金尽快纳入以满足新市民为出发点的新的深化住房制度改革范畴。应扩大住房公积金制度覆盖面,将就业群体全部纳入制度体系中,尤其是进城务工的农民工。同时合理制定低收入群体的缴存基数,限制高收入群体的缴存基数,避免住房公积金成为变相福利,以进一步发挥住房公积金的住房保障功能。

(2)在资金使用方面,在保证运行安全及投入产出平衡的基础上,为提高公积金制度的运行效率,在增加住房公积金运行投入的同时,应积极探索住房公积金的使用途径;应允许跨区域统筹资金,进一步放宽异地贷款使用、提取使用条件,积极探索住房公积金的使用渠道。在保证公积金提取和发放贷款的情况下,降低提取使用门槛,有效提高公积金的使用效率。

---

① 李伟:《如何调整住房公积金资金运管模式的思考》,《中国房地产金融》2012 年第7 期。

第五章　住房公积金运行效率的优化对策

住房公积金制度经过 30 多年的运行,在中国住房制度改革和住房市场发展中发挥了较为重要的作用。综合前面各章研究情况看,当前住房公积金运行的确也暴露出一些亟待解决的效率问题,这些问题涉及住房公积金实际运行中缴存、提取、贷款等环节。研究还发现,住房公积金制度本身存在的设计方面的问题,对住房公积金运行效率形成了一定制约。但无论如何,这一中国特色的住房保障与金融制度在彻底实现中国城镇职工住房分配体制转变中取得了一定成效。进入新发展阶段,应充分珍惜和尊重历史进程中产生和发展并推动中国住房制度改革的核心制度。本章基于国际视角解析发达国家住房保障与金融制度,总结发达国家制度共同优势及对我国的启示,提出中国住房公积金制度设计优化思维路径,并从中短期、中长期视角解析当前住房公积金运行的效率优化对策。

第一节　制度设计优化路径

一、发达国家共同优势及启示

住房保障与金融体系的完善是一个长期的过程,制度设计需要不断地完善、调整。因经济发展水平、政治制度、经济与金融体制等差异,发达国家基本形成了较为典型的住房金融与住房保障制度,该制度有其共同优势(如图 5.1 所示)。

(一)政策性与商业性住房金融相结合

由于住房保障与金融问题关系国计民生,发达国家住房政策大都体现出政策性金融、商业性金融的双重特征。政策性住房金融是完善住房保障制度,筹集低成本住房保障资金的主要住房金融渠道;商业性住房金融则充分运用市场机制和价格杠杆,与其他金融形态相融合,成为发挥住房保障资金的重要补充渠道。通过政策性住房金融与商业性住房金融相互结合,共同支撑住房保障与金融体系。

(二)行政与市场住房保障机制相结合

发达国家政府除以财政行政机制支撑住房保障资金供给外,还通过市场机制来获得长期、稳定的住房保障资金,但住房金融市场本身固有的缺陷以及由于住房融资期限较长、有信用风险、流动性风险较大等原因,政府则采用金融管制和宏观调控相结合的措施,通过担保、贴息、减免税、制定政策法规等行政手段对住房金融市场进行干预,从而更好地解决住房保障金融问题。

(三)经济效率与社会公平相结合

发达国家的住房保障与金融体系和经济发展、人民生活水平相适应。政府在直接出资建设保障房的基础之上,也积极鼓励其他组织建保障房,既减轻财政负担,又提高经济效率;为保持社会的稳定,又对中低收入阶层提供相应的补贴,满足不同阶层租房和购房的需求,维持住房保障基本的社会公平①。通过资金筹集、高效运营及制度调整,基本形成符合本国国情、兼顾效率的住房保障与金融制度体系,满足中低收入阶层的住房保

---

① 刘丽巍:《我国住房公积金制度的现实挑战和发展方向》,《宏观经济研究》2013 年第 11 期。

障与金融需求。

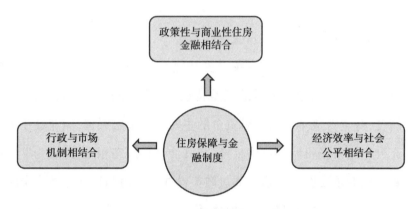

图 5.1　发达国家政策制度共同优势

二、顶层设计优化思维路径

中国住房公积金制度是借鉴新加坡中央公积金制度建立的,创建伊始就将住房改革和住房保障、住房金融紧密结合。经过 30 多年的发展,制度为实现住房分配货币化、转变职工住房消费观念、建立住房资金储蓄机制、培育住房抵押贷款制度等起到了重要历史作用,但制度在缴存提取、资金使用、保值增值等运行管理环节逐渐暴露出一些问题。

当前中国住房公积金运行的环境、任务、要求等都发生了新变化。发展理念是发展行动的先导,是发展思维的集中体现。只有把住房公积金制度的发展理念梳理好,以发展理念转变引领发展方式转变,才能以发展方式转变推动制度发展质量和运行效率提升。面对保持住房公积金持续健康发展的需要,管理者必须要有新理念、新思路,以"统筹—均衡"思维重构住房公积金制度顶层设计(如图 5.2 所示)。

(一)住房保障和住房金融的统筹

由于历史条件的影响以及住房公积金的属地化管理模式,使得住房

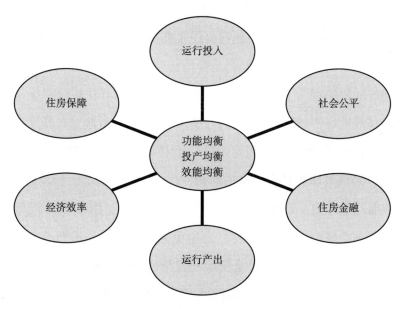

图5.2　"统筹—均衡"理念下的住房公积金顶层设计思维

公积金运行地域分割、分散管理、封闭运作。随着经济环境的变化,既呈现出各省份实际运营静态效率的差异性,也逐步暴露出制度一些亟待解决的动态效率问题,影响到全国住房公积金运行的效率。尤其是随着城市化、市场化的加速,在利益主体日益多元化的今天,社会不同群体尤其是中低收入阶层的住房改善如何实现,更加成为中国住房公积金制度设计中一个无法回避的问题,需要管理者转变管理职能,完善管理运行体制,深度探索不同省份的利益统一机制。

　　住房公积金同时具有住房保障与住房金融"两重"属性。如果将住房公积金的功能定位为住房金融,其服务对象主要为中高收入群体,该群体能有效降低公积金的运营风险,但无法为广大中低收入群体住房提供保障;如果将住房公积金的功能定位为住房保障,其服务对象主要为中低收入群体,则更多地面临缴存不足和运营风险高等问题。功能定位不清不仅影响住房公积金政策发展方向,也直接导致运行效率的区域差异更为明显①。从中国经济社会发展趋势来看,关注民生,实现城乡协调发展,在全国范围内统筹各省份住房公积金住房金融和住房保障两个功能,促进制度在全国运行效率提升将是今后长期的基本任务。只有在住房公积金运行的价值观念上打破封闭运营,更加注重整合住房公积金运行资源更加高效地运行,制度在全国的均衡发展、全口径管理的长期改革目标才能实现,这是住房公积金制度顶层设计中需遵循的重要理念。

(二)经济效率与社会公平的均衡

依照马克思主义政治经济学原理,效率则主要是指市场效率,要通过市场机制来提高经济效益,并要尽力避免因强调社会公平而产生的效率损失;效率体现经济活动中社会资源配置与利用的有效比率,反映社会经济发展成效②③。公平主要是指社会公平,政府要力争为社会提供均等机会和公平结果;公平不等于收入的平等而主要体现为规则的平等、机会的均等。两者之间的辩证关系为:公平是效率的保证、效率是公平的基础。

住房公积金运行要更有效率、更加公平、更可持续发展,才能更好地发挥社会政策托底、社会稳定器作用。在城市化、市场化快速推进的过程中,制度在效率建设中应统筹部门、地方、阶层利益,用完善制度的方式来解决住房矛盾,这是对住房公积金管理者理念和能力的重大考验。

从 Pigou 的旧福利经济学,到 A. P. Lerner、N. Kaldor、J. Hieks、A. Bergson、P.Samuelson 的新福利经济学,再到阿马蒂亚·森等为代表的新发展阶段,如前所述,效率始终是经济政策的永恒主题,也是住房公积金制度的根本评价维度。随着实践的深化,在进行制度顶层设计时要认识到公平对效率的促进作用。

---

① 陈瑾:《论住房公积金制度的运行效率》,《建筑经济》2008 年第 1 期。
② 耿杰中:《破解住房公积金发展之困》,《北京观察》2014 年第 1 期。
③ 蒋华福:《供给侧改革视阈下住房公积金运行绩效治理研究》,《上海交通大学学报(哲学社会科学版)》2018 年第 5 期。

市场经济是迄今为止高效的资源配置方式。住房公积金的市场配置资源的高效离不开公平的社会环境,而职业、职位、收入等这些初始条件的差异给社会造成机会和结果的不公,公平的缺失也正成为中国住房公积金制度发展短板的根源之一,并产生由公平缺失导致的效率低下,影响了社会的稳定和市场经济的健康有序发展。住房公积金制度要更好地体现政策价值,一定要更加关注公平,从而以公平的实现带动效率的提升[①]。短期内效率之间也许存在一定的矛盾,但长期看,离开公平不可能有效率,公平政策的建构有利于经济效率的提升,否则公平与效率皆不可得。住房公积金制度的改革发展必须要转变价值观念,把维护公平当作住房公积金制度的根本保障和首要任务,把提高效率作为住房公积金制度发展的有效方式,这是住房公积金制度顶层设计中需遵循的最终标准。

(三)运行投入和运行产出的均衡

从住房公积金运行系统的分析可知,住房公积金运行投入产出均衡状况直接影响住房公积金的运行效率和住房公积金制度的可持续性发展。为实现此目标,必须确保运行的投入产出均衡。在缴存政策上,应优化供给侧结构,可把缴存主体扩大到在城镇就业的全体劳动人员,既增加资金供给,又扩大制度受益面;在提取政策上,应考虑不同层次需求,在提取公积金支付房租的基础上进一步拓宽使用范围,提高提取额度,增加有效需求,让更多群体得到住房公积金的实惠;在个贷政策上,应全面放开地域限制,向中低收入家庭倾斜,可开发个贷品种,针对不同群体丰富差别化贷款政策,满足不同层次需求,给不同收入职工提供不同利率贷款、贷款额度、贷款年限及贴息支持,增强全体职工住房消费能力。同时,应在规范操作的前提下,不断简化缴存、使用手续,让市场配置资源方式成

---

① 　赵小玉:《住房公积金贷款风险成因与防范对策》,《金融经济》2013 年第 22 期。

为维持投入产出均衡的重要途径。

此外,在确保资金安全运作的条件下,可在法规上开辟住房公积金闲置资金低风险投资空间,可允许住房公积金用于购买政策性金融债、地方政府债券、住房公积金个人住房贷款支持证券等高信用等级的固定收益类产品。这样既使房屋抵押贷款的风险得到相应分散和转移,又进一步改革供给结构,推进与完善运行结构的投产均衡,这也是住房公积金制度顶层设计中需遵循的根本规律。

在新形势下,住房公积金制度发展环境已根本变迁。为更有效地解决中低收入者的住房保障问题,健全住房金融体系,防范金融系统性风险,管理者应把调节中低收入阶层住房需求放在重要位置,要针对城市农民工市民化的社会发展趋势,把住房公积金尽快纳入以满足新市民为出发点的新的深化住房制度改革范畴,并借鉴发达国家的有益做法,着力加强推进供给侧结构性改革,整合行政强制缴存功能、市场金融服务功能,政策性与商业性结合的投、融资功能。在新一轮改革到来之际,设计规划好中国住房公积金发展新蓝图,才能实现全国住房公积金运行"统筹—均衡"新常态。

住房公积金制度是保障和改善民生、维护社会公平、增进人民福祉的基本制度保障,是促进经济发展、实现人民共享改革发展成果的重要制度安排。进入新发展阶段,应增强住房公积金资金金融属性,变革住房公积金政策刚性属性,降低住房公积金所有权与支配权分离程度,以提高住房公积金制度运行效率,不断满足人民日益增长的美好生活需要。

第二节　中短期效率优化机制

在住房公积金制度优化的基础上,应当根据改革所必须的法律修改外部条件和实际的可操作性,按照由近及远的原则进行机制优化的设计。在中短期可"实行弹性化缴存、实行差异化贷款、实行多样化提取"优化对策,进一步改革现有运行机制,提高住房公积金各环节运行效率(如图5.3所示)。

一、实行弹性化缴存机制

住房公积金的缴存机制对于住房公积金运行的投入有重要的影响,优化缴存机制对实现投入和产出均衡及提升效率有着重要的作用。一方面要扩大缴存覆盖面,增加就业者受益范围,增加归集额度;另一方面要进一步发挥住房公积金在住房保障与金融体系中的重要作用,可创新设计差异化的缴存比例。两方面分别从投产均衡角度改进效率,从公平角度促进效率提高。

住房公积金是职工的长期住房储金,可参照社保政策,将住房公积金制度覆盖对象拓展为所有就业者,尤其让每一个城镇就业者都能享有住房公积金制度的住房保障权利,扩大制度受益面,尤其要突出体现制度为中低收入职工家庭服务的政策性[1]。

当前住房公积金缴存比例过于刚性,在实施中应调整住房公积金在缴存比例方面的规定,允许设计根据收入、房价、地区经济发展、年龄等因素差异化的缴存比例。

在收入方面,针对低收入群体,可采取职工缴存较低的比例,单位缴存较高的比例,这样既可以减轻职工的经济压力,同时也可以为职工缴存充足的住房公积金,也不会减少住房公积金运行的投入,保障住房公积金运行的投入产出均衡,并为这一群体在将来有住房消费需求时积蓄了较

---

① 叶文渊:《浅谈现阶段住房公积金存在的问题及应对方法》,《中国外资》2013年第9期。

多的政策性优惠资金,也达到调整财富分配的目的。

对中等收入群体,可以采取单位缴存和职工缴存比例都较高的措施。中等收入群体是使用住房公积金的主要的人群,这部分人群经济能力高于低收入群体,因此可以提高缴存的比例,这样既可以保证住房公积金的供给,同时当中等收入群体进行购房的时候,也可以提高中等收入群体的贷款额,而不需要利用商业贷款,这样也减轻了中等收入群体的经济负担。

对高收入群体,可采取职工缴存较高的比例、单位缴存较低的比例的措施,这一设计可较好地为政策性金融筹措到低成本的资金,而由于单位也配比缴纳了住房公积金,所以对该收入阶层不会产生福利的损失。该群体可通过市场途径解决住房问题,且通过对不同收入群体实行不同的缴存比例,既可以保证住房公积金的供给,同时也有利于将住房公积金政策向中低收入群体倾斜。

在房价、地区经济发展方面,缴存比例应随着经济的实际发展、住房市场的发展及住房商品价格的变化而及时地调整。此外,还可以参考新加坡的做法,根据职工年龄段设计不同的住房公积金缴交比例,进一步细化保障收入能力弱人群的住房福利。

二、实行差异化贷款机制

提升住房公积金运行效率的主要目的是向中低收入群体购买自住住房提供资金支持,所以贷款政策上应向中低收入群体倾斜。然而近些年住房价格上升至高位,住房公积金运行的贷款机制一定程度上不利于中低收入群体形成有效贷款需求,限制了住房公积金的住房保障作用发挥[1]。为

---

① 刘丽巍:《我国住房公积金管理体制及运营模式改革探讨》,《中国房地产》2008年第7期。

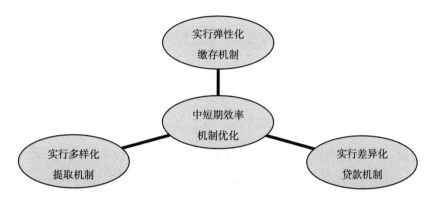

图 5.3　住房公积金中短期效率优化机制

进一步发挥住房公积金支持中低收入群体住房消费的积极作用,应根据收入、房价情况不断优化住房公积金贷款机制,减轻中低收入群体住房公积金借款人经济负担。

首先,向中低收入群体提供贴息贷款。众所周知,住房公积金的贷款利率低于同期商业贷款利率,这是住房公积金的特有政策优势,也是住房公积金贷款成为职工住房贷款优先选择的根本原因。但由于两者利率差距不大,政策优势不十分明显。对中低收入群体来说,即便有公积金贷款,一方面,本息仍是一笔较大的负担,客观上也抑制了中低收入群体的住房消费;另一方面,国家规定,除由国务院决定以外,任何单位与个人均无权决定减息、停息、缓息和免息。因此,目前来看,住房公积金管理者还不能自主确定贷款利率水平,尚不能通过降低贷款利率体现住房公积金更多政策优势。虽然住房公积金贷款中不能减息、停息、缓息及免息,但国家却允许对住房贷款补贴利息。因此,可利用住房公积金增值收益对中低收入群体倾斜,根据住房公积金缴存职工家庭的缴交时间、累计金额和住房公积金使用等情况,确定一次性贴息金额幅度,实行贴息贷款,减轻这部分家庭的还款压力。贴息资金来源的住房公积金增值收益,根据当年存贷利差平衡,并剔除管理成本、风险准备金后净增值分配贴息资金。

其次,借鉴反抵押贷款方式。关于抵押贷款的运作,国内外学者已经作了一定的研究。反抵押贷款,即房产所有人在抵押贷款未全部偿还情况下,以所抵押的房产向贷款人反抵押,获得一笔房款,除用于偿还余下的借款外,还可获得一笔不菲的资金用于生活。采取这一模式,对已得到住房公积金贷款购置住房的中低收入群体来说,倘若确定无法偿还剩余贷款,可向公积金中心申请将所购房产反抵押,获得资金用于归还贷款,余下的资金还可用于贴补生活;或者由公积金中心收购中低收入群体贷款购买的住房,还清贷款后,余额用于租住该套房产的租金,这种变买为租的反抵押贷款做法,在不加重中低收入群体经济负担的基础上,可较好地解决住房问题。

再次,要建立贷款的公平机制。只要按照规定缴存住房公积金的职工,均可获得一定数额的住房公积金贷款,而不用受其他条件的限制,保证缴存者的权利。根据缴存者收入增长预期、年龄、家庭组成等不同情况,探索住房公积金贷款个性化新品种,如通过信用担保、第三人担保、质押等担保形式提供贷款,针对不同收入的人群设置差异性贷款利率,解决相关群体的住房资金问题。

最后,要建立住房公积金贷款政策应变机制。住房公积金贷款发放与国家调控政策紧密相关,受住房市场变化影响较大,管理者要关注外界环境变动,根据实际情况动态调整贷款对策,强化住房公积金贷款发放的规划性、前瞻性和预测性。

三、实行多样化提取机制

正如前文分析中国住房公积金运行历程时所述,2015年起公积金提取已和贷款一样作为住房公积金的主要使用用途,要提高住房公积金运行效率也必须正确处理提取与贷款的关系,拓宽住房消费提取途径,探索销户提取补贴机制。

第一,正确处理提取与贷款的关系。在住房公积金运行早期,由于住房公积金规模小,余额无法满足运行需要,为快速积累资金,住房公积金提取受限;限制提取一定程度也上促进了住房公积金制度的推行。后来,住房公积金资金规模不断扩大,余额增多资金沉淀,然而在实际运行中仍然普遍存有"限制提取、鼓励贷款"的做法,提取无须使用成本;贷款则须支付首付成本,客观上增加缴存者使用的经济负担。而且住房公积金贷款和商业贷款运行本质一样,管理者均希望能如期收回本息,这又导致住房公积金贷款更倾向于收入高、偿还能力强的群体。同时,正如前文所述,经济实力雄厚、支付能力强的中高收入群体,能够提供购房首付而获得住房公积金贷款资金支持,而中低收入群体可能因购房首付款问题而难以获得住房公积金贷款资金支持;如果中低收入群体不能提取住房公积金,其缴存的住房公积金就只能用于支助中高收入职工群体购房贷款[1]。

对中低收入家庭职工而言,通过对目前住房公积金贷款和提取的两种主要使用途径进行比较可知,贷款限定于购买具有所有权的自住住房,而提取则可用于各类住房消费,因此提取这类使用方式更能发挥住房公积金对中低收入职工的保障功能。

第二,拓宽住房消费提取途径。确定了提取是住房公积金的主要用途后,就可以从机制层面来调整相关运行。可针对中低收入群体制定更为优化的提取政策,具体措施有:①支付房租。简化提取手续,适当提高提取额度,以更好地促进该项业务的开展,减轻中低收入群体的经济负担。②支付物业费。该项政策仅针对生活困难职工家庭,而此类人群所

---

① 谢虎:《住房公积金运营及使用的影响因素》,《经济导刊》2011年第6期。

占比例较低,政策受益面相对窄。可扩大政策覆盖范围,放宽提取条件。③提取冲还贷。目前政策的冲还贷方式变更周期较长,在此期间借款人个人账户内每月缴交的公积金处于闲置状态,应缩短冲还贷方式变更周期,提高借款职工的住房公积金使用率。目前提取政策中尚未对购房首付、维修基金、契税、二手房中介费、住房节能改造、住宅增设电梯等消费项目予以覆盖,建议也可作为拓展中低收入群体住房公积金消费提取的途径。④改进提取步骤。以职工因退休提取住房公积金为例,职工退休后,其账户在单位的情况下,须由单位出具相关证明后再到银行相应网点提取,实际上职工到了法定退休年龄,就可以销户提取住房公积金,单位出具的证明材料也仅仅是职工就职单位的证明。而住房公积金管理系统中只需要有职工个人账号和身份证号就足以证明住房公积金的所有者,因此,让退休人员在退休提取中分两步程序,不仅给退休职工带来不便,同时降低了住房公积金运行效率。建议改进退休提取的步骤,如与职工退休养老金账户直联,采用自动转账的方式到职工个人养老金账户,职工可以随时提取这笔住房公积金。

第三,探索销户提取补贴机制。住房公积金销户提取补贴指的是从未使用过住房公积金进行住房消费的缴存职工满足销户条件并进行提取时,按照一定的标准,给予相应的补贴金额。对于从未使用住房公积金的缴存职工,在销户提取时,既存在着权利与义务的不对等,又存在着较大的经济损失和机会损失,而现行的政策对于这部分的损失并没有合理的补偿,因此,建立合理的住房公积金销户提取补贴机制存在一定的必要性。

补贴方式原则上应一次性补贴[1]。因为住房公积金销户提取后,职工不再履行住房公积金缴存义务,也不再享有使用住房公积金的权利,退

---

[1]　陈友华:《住房公积金制度:问题、出路与思考》,《山东社会科学》2014 年第 3 期。

出了住房公积金制度。由于住房公积金缴存职工的缴存期限不一、账户内的缴存余额不同,对住房公积金的互助贡献也有差异。因此可根据缴存期限、账户余额等因素设计统一标准补贴、比例标准补贴以及时限标准补贴三种方式。①按统一标准补贴。按照统一标准给予销户提取补贴,不考虑职工住房公积金的缴存年限以及账户余额。②按比例标准补贴。按照账户余额比例给予销户提取补贴,根据缴存职工住房公积金账户余额,乘以固定比例,作为补贴金额。职工销户提取补贴比例相同,每一年度补贴比例有所不同,当年的销户提取补贴比例可参照上一年度住房公积金增值收益率。③按时限标准补贴。根据职工缴存住房公积金的时限给予补贴,即从未使用过住房公积金的职工在办理销户提取时,达到一定缴存时限的给予补贴,否则不给予补贴。

以上三种补贴方式侧重点有所不同,都体现了一定的公平性(如表5.1所示)。其中,时限标准补贴的方式对于住房公积金运行有着更深远的意义,一方面鼓励更多的职工长期参与到住房公积金制度中,增加住房公积金运行的投入;另一方面可扩大住房公积金受益面。综上,住房公积金运行应按照中央"调结构、稳增长、促改革、惠民生"决策部署,落实提取使用政策,积极探索如何更好地满足缴存职工的住房消费需求,以更高效地改善缴存职工住房条件,进一步释放住房公积金制度红利,提高住房公积金运行效率。

表 5.1　销户提取补贴三种方式的比较

性质 ＼ 方式	统一标准	比例标准	时限标准
公平性	基本公平	较公平	较公平
操作性	强	较强	一般
制度影响	较积极	较积极	积极

第三节　中长期效率优化机制

从中长期来看,中国住房公积金运行效率依然需要不断改进和提升。住房公积金制度已运行和发展 30 多年,已从起初的实践探索阶段发展至成熟运行阶段,但随着社会环境的不断变化,职工对住房有了越来越高的需要。针对当前住房公积金运行效率中出现的新问题,管理者应当结合中国住房市场的实际情况和新型城镇化发展的需要,在运行效率机制方面作些更多的探索、试点与创新,在为职工提供住房保障的同时,持续提升住房公积金运行的效率(如图 5.4 所示)。

图 5.4　住房公积金运行中长期效率优化机制

一、推行自主性运营机制

截至 2021 年年末,全国共设有住房公积金管理委员会 341 个,同上年持平。与"十二五"末 2015 年的 135 人、342 个相比,保持了相对稳定。2021 年,全国住房公积金管理中心仍为 341 个;未纳入设区城市统一管理的分支机构 115 个,比"十二五"末的 175 个减少了 60 个。全国住房公积金服务网点 3416 个。全国住房公积金从业人员 4.51 万人,比上年增加 400 人。同"十二五"末的 3.94 万人相比,"十三五"期间全国住房公积金从业人员共增加了 5300 人。全国住房公积金管理体制保持稳定。[①]

　　根据第四章中住房公积金运行系统分析,当前住房公积金的运行主要是依靠与银行建立委托代理关系,受托机构负责前台归集信息核定、公积金中心负责后台行政及政策性管理的模式,直接导致归集委贷成本难降低、运行管理水平难提高的困境[②]。从实际运行情况来看,这种间接运行机制存在责任权利主体不一致、缴存随意、贷款及提取受制等问题,不利于住房公积金运行效率的可持续提升。随着制度的不断完善,公积金中心业务运行能力的不断加强,公积金中心在业务办理中的主体地位应不断提升。公积金中心可实施经营与管理职能分离整合,不断提高公积金中心办理业务的自主性,逐渐从委托代理向直接运行的机制转变[③]。直接运行机制既保证了资金及信息安全,又节约归集成本,还简化办事程序,提高工作效率,并体现责权利一致的法律主体地位,从而彻底把住房公积金视作缴存职工的个人资金来运行,减少运行成本、提高增值收益。同时,由于公积金中心掌握了单位和账户的具体资料,能对缴存单位实施监督管理并及时了解掌握单位公积金动态变化情况,随时掌握住房公积金的归集和使用情况,提高了住房公积金运行的透明度,减少资金风险。

　　在大力推行公积金中心直接运行的基础上,银行仍然可作为公积金中心的金融结算机构,承办中国人民银行所规定的结算和受托贷款业务。但必要的委托代理,应以经济效益最大化为目标。也就是说,需健全当前住房公积金经办银行格局,可引入市场竞争机制,把存款利率高低、存贷手续费多少、经办服务质量等作为确定经办银行的重要标准,并设定末位淘汰机制,逐步裁汰归集资金小、贷款数额少、运营质量低、管理成本高的

---

① 《全国住房公积金 2021 年年度报告》,住房和城乡建设部 2022 年,第 4 页。
② 刘炳南、宋芳芳等:《西安市住房公积金运行效率实证研究》,《中国经贸导刊》2012 年第 14 期。
③ 何梦琳:《试议住房公积金贷款风险控制》,《商业经济》2014 年第 1 期。

银行,即利用"标杆原理"管理业务经办银行。通过合理设计定位公积金中心和银行的责任分工,使二者协调发挥运行主体和业务经办者的各自职能,突出公积金中心的主体运行职能和银行的金融协作功能,从而最终在中长期实现改进和优化现行运行效率的目标。

二、探索准开放金融机制

未来住房公积金运行的重心应是为中低收入群体的住房保障体系提供融资服务,同时兼顾中高收入人群,以帮助不同收入层次的群体改善住房需求。要实现这一目标,住房公积金需有强大的资金后盾,因此需要改变当前封闭式的运作机制,将住房公积金有效融入市场经济中,充分发掘住房公积金的住房金融功能①。

2020 年,住房公积金行业紧密围绕经济社会发展,统筹推进疫情防控和制度改革创新,有效落实应对新冠肺炎疫情住房公积金阶段性支持政策要求,至 2020 年 6 月底,全国共支持 13.22 万个受疫情影响的企业减少住房公积金缴存 274.29 亿元;对受疫情影响无法正常还款的 77.54 万笔、1879.42 亿元贷款未作逾期处理;为 56.62 万名受疫情影响的职工增加 10.16 亿元租房提取额度,切实发挥了阶段性支持政策纾难解困作用。住房公积金制度以推动灵活就业人员参加住房公积金制度试点、建立试点推进机制,进一步扩大住房公积金缴存覆盖范围。探索住房公积金支持租赁住房发展。以多形式、多举措推进住房公积金区域一体化协调发展机制建设稳步实施。完善了全国住房公积金数据平台,开发建设了全国住房公积金监管服务平台,提高了监管工作效能。

住房公积金运行的资金由职工所缴存的住房公积金以及产生的增值

---

① 蒋华福:《基于系统分析的住房公积金运行效能治理研究》,《经济问题》2018 年第 9 期。

收益组成。住房公积金主要服务于住房领域,现有投资渠道较为狭窄[1],除了发放个人住房公积金贷款以外,仅能通过购买国债来实现资金的保值增值。单一的投资渠道不仅直接导致了资金使用率不高的问题,还存在风险隐忧,需要进一步改变封闭式的运作方式,提升资金投资效益。因此要拓宽投资渠道,创新投资品种,开辟投资空间,以充分提升住房公积金资金投资效益。

一方面,可推行住房公积金个人住房抵押贷款证券化。关于住房公积金抵押贷款证券化,国内外学者已经作了深入研究[2][3][4][5],在发达国家的运作也已较为成熟,值得借鉴。公积金中心可将持有的住房公积金抵押贷款债权,经过政府机构或私人机构的担保,转让给专业的证券化机构,也就是把每一份住房贷款合同分割为多份抵押证券,再经过二级证券市场代售,最终由诸多投资者持有,使原本集中的抵押贷款资产,转为资本市场上不同投资人持有的抵押债券,由此就使住房抵押贷款的风险得到合理分散和转移。通过证券化,将持有的贷款资产按照要求进行选择、重组,及时把长期抵押贷款资产在二级市场抛售兑现,或持有变现能力很强的抵证券,不仅得到了现金收入,实现低成本融资,而且可激活抵押贷

①　蒋华福:《风险预警下住房公积金供需的结构性均衡》,《企业经济》2018 年第 7 期。

②　Wainwright T., "Laying the Foundations for a Crisis: Mapping the Historico-Geographical Construction of Residential Mortgage Backed Securitization in the UK", *International Journal of Urban and Regional Research*, Vol.33, No.2(June 2009), pp.372−388.

③　Ren Hong, Xia Gang, Chen Lei, "Study on Institutional Defect of Mortgage-Backed Securitization and Countermeasures in China", *Journal of Chongqing Jianzhu University*, Vol.29, No.2(April 2007), pp.122−127.

④　Jiang W., Nelson AA., Vytlacil E., "Securitization and Loan Performance: Ex Ante and Ex Post Relations in the Mortgage Market", *Review of Financial Studies*, Vol.27, No.2(February 2014), pp.454−483.

⑤　Aalbers MB., Engelen E., Glasmacher A., "'Cognitive closure' in the Netherlands: mortgage securitization in a hybrid European political economy", *Environment and Planning A*, Vol.43, No.8 (August 2011), pp.1779−1795.

款一级市场,减少了长期贷款,提高了资本利用水平和信贷资金的流动性,增加住房公积金贷款资金来源,缓解了住房公积金流动性压力①,并可盘活存量贷款资产,提高住房公积金个人购房抵押贷款的额度,进而提高缴交职工个人贷款购房的自主能力(如图 5.5 所示)。

另一方面,在维持现有金融服务功能的条件下,充分运用资产证券化的市场化方式配置资金,还可赋予住房公积金制度的融资功能以及投资功能。允许住房公积金支持公共事业基础设施建设,待时机成熟以后,可用一定比例的积累资金进行组合投资;允许住房公积金投资信用等级高的政策性金融债券,参照社会保障资金进入证券市场;②对住房公积金运行过程中利用增值收益试点投资的公共租赁住房等也可进行资产证券化。最后通过综合住房公积金的强制缴存、金融投资功能,创新住房公积金融资长效机制,有效满足职工住房贷款需求,保障更多人群提高住房质量,实现职工"住有所居",促进社会和谐发展。

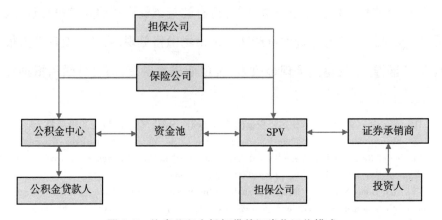

图 5.5　住房公积金抵押贷款证券化运作模式

---

①　顾书桂:《中国住房公积金制度的问题及改革方向》,《湖北经济学院学报》2013 年第 2 期。

②　劳杰聪、刘洪玉:《住房公积金沉淀资金存款收益优化研究》,《中国房地产》2013 年第 20 期。

三、试点跨区域统筹机制

2020 年,通过国家政务服务平台和国务院客户端向缴存职工提供住房公积金信息查询 3.07 亿次。截至 2021 年年底,累计 5073.08 万人通过小程序查询个人住房公积金信息,办理跨城市住房公积金转移接续 55.23 万笔、转移资金累计 57.19 亿元。全部设区城市住房公积金管理中心实现了与全国异地转移接续平台直连,畅通了异地转移接续渠道。2021 年,实现了"办理异地购房提取住房公积金""开具住房公积金个人住房贷款全部还清证明""住房公积金单位登记开户""住房公积金单位及个人缴存信息变更""提前还清住房公积金贷款"等 5 个事项"跨省通办"。

住房公积金现有法规明确规定住房公积金为属地化运行,只允许资金在一个地区封闭运作,实行低存低贷,资金无法与资本市场或其他区域有效融通。其最大弊端是限制了资金的流动,既降低了资金使用效率,又弱化了风险抵抗能力。由前文研究可知,中国住房公积金运行效率总体呈现东高西低的态势,东部地区的运行效率水平一直高于西部地区。在东部发达地区,房地产市场较发达,房价较高,对住房公积金的需求量较大,住房公积金运行的投入与产出不均衡;而在中西部不发达地区,住房公积金资金使用效率低下,大多存放银行闲置,成为银行低成本的资金来源。同时,运行的投入产出不均衡也影响了住房公积金的运行效率。

为使住房公积金资金整体充分高效运行,可从制度设计上允许资金跨区域进行调剂,逐步改进住房公积金的封闭运行机制。具体模式可根据各省的运行水平差异,先试点建立省级区域性的住房公积金运行统筹[①],实现

[①]　Jiang HF., Wang GB., "Spatial equilibrium of housing provident fund in China based on data mining cluster analysis", *International Journal of Wireless and Mobile Computing*, Vol.10, No.2(April 2016), pp.138–147.

省内的资金流动,在满足本地提取、贷款需求下,实现积累资金流动,逐步破除资金流动性限制①②③④⑤,既可解决流动性不足地区的资金紧张问题,也可以提高沉淀资金较高地区的资金使用率,最后再从试点阶段推向常态化管理,实现全国的统筹运行,进而从根本上全面提升住房公积金运行效率。

综上,住房公积金高效运行是中国住房公积金运行中加强供给侧结构改革与新发展阶段下转型的核心。住房公积金运行效率的提升,是当前完善"租购并举"的住房制度改革和深化改革的要求,有利于推进中国住房公积金事业可持续发展。通过上述制度设计和运行机制的优化,采取渐进式试点改革,阶段调整,既可不断提高住房公积金运行的效率,也可在不断完善中找出一条符合中国国情的住房公积金运行发展之路。

---

① 吴义东、陈杰:《保障性抑或互助性:中国住房公积金制度的属性定位与改革取向》,《中国行政管理》2020 年第 9 期。
② 吴义东、吴璟等:《中国住房公积金绩效评价与制度改革:研究述评与理论思考》,《经济研究参考》2020 年第 15 期。
③ 吴义东、王先柱:《住房公积金流动性风险研究——来自上海市的经验证据》,《统计与信息论坛》2018 年第 9 期。
④ 王先柱、吴义东:《住房公积金政策性金融功能提升研究——现实需求、内在逻辑与思路设计》,《江苏行政学院学报》2018 年第 4 期。
⑤ 路君平、李炎萍等:《我国住房公积金制度的发展现状与对策研究》,《中国社会科学院研究生院学报》2013 年第 1 期。

第六章 研究结论与展望

第一节 主要结论

住房公积金的高效运行,对住房公积金事业的健康发展至关重要,将对中国住房公积金运行实现可持续发展产生深远的影响。本书首次将中国住房公积金运行看作一个整体,理论与实际深度结合,从空间、时间两个视角呈现运行效率总体特征,揭示了住房公积金运行效率内在规律,并积极探索适合中国住房公积金运行自身特点和发展规律的制度设计路径及效率优化对策。本书主要完成了以下工作。

1. 对中国住房公积金运行效率的总体特征进行分析

在对相关概念及文献梳理的基础上,总结了中国住房公积金运行历程,系统界定制度发展历程四大阶段,阐述了制度在住房保障与住房金融方面的主要成效,并将全国住房公积金运行视作一个整体对象,综合运用PCA模型与K-MEANS算法,从宏观层面探究中国住房公积金运行这一复杂巨系统;构建了住房公积金运行效率分析总体指标体系,首次探求了中国住房公积金运行效率的区域类型划分与分布规律,并对运行效率的区域差异特征进行解析。本书定性分析近年来住房公积金运行情况,并根据研究需要重点选取1999年—2014年的住房公积金运行数据作为样本,定量解析住房公积金的运行效率情况。

2. 基于空间视角,对我国 31 个省份住房公积金运行的静态效率进行测度与实证分析

静态效率是指时点上某一时刻的投入产出情况。这部分研究主要从静态效率测度、静态效率分解实证及外部因素分析三个方面展开。首先,选取数据包络分析法中 DEA-CCR 模型,并创新性地引入差分进化算法对模型进行求解,量化出 31 个省份住房公积金运行的静态效率及差异。研究显示,31 个省份中只有北京、上海、天津等 11 个省份为有效状态,且全国整体的住房公积金运行效率没有达到最优,存在一定的不合理性;封闭运作模式制约了各省份住房公积金的运行效率。其次,选取 DEA-BCC 模型,把静态效率精细分解为三个子项,即综合技术效率、纯技术效率与规模效率,进一步对住房公积金运行静态效率进行实证分析。研究可知,北京、上海、天津、浙江、江苏等 8 个省份处于规模报酬不变的状况,也是综合效率、纯技术效率、规模效率较好的省份,而中西部省份成为制约全国整体运行效率水平的"短板",改进中西部省份住房公积金运行效率是亟须解决的问题。最后,在明确了住房公积金运行静态效率相对差异的基础上,继续通过多元线性回归模型寻找影响住房公积金运行效率的外部环境变量,得出城镇居民人均可支配收入因素影响显著。

3. 基于时间视角,以 S 省为代表对象对住房公积金 16 年核心运行期的动态效率进行了实证分析

动态效率是指时段上某一时期的投入产出情况。这部分研究主要从运行系统分析、动态效率实证分析及内部机理分析三个方面展开。首先,解析住房公积金运行的系统主体、管理机制、系统特征及投入产出机制。分析可知,投产机制中现实状态的投入为刚性的,构成相对的供需机制,这和理想状态中投产动态变化不同。其次,以 S 省 1999 年—2014 年住房公积金运行数据为对象,采用 DEA-Malmquist 指数法对住房公积金运

行的动态效率进行实证分析。研究可知,在 16 年中 S 省的住房公积金运行综合技术效率改进和降低年份相当,综合效率总体改进不明显。最后,从投产均衡角度解析内部机理。实证分析表明,投入产出均衡情况是动态效率问题的直接原因,而封闭、分散式的资金运行模式,不能实现资金的横向移动并产生规模效益,则是住房公积金运行效率问题的根本原因。

4. 基于静态、动态效率实证分析结果,借鉴发达国家经验,从中短期和中长期两个视角提出中国住房公积金运行效率优化对策

首先,解析了发达国家制度共同优势及给中国的启示。其次,基于中短期视角提出"实行弹性化缴存、差异化贷款、多样化提取"的效率优化机制。最后,基于中长期视角提出"推行自主性运营、探索准开放金融、试点跨区域统筹"的效率优化机制。效率优化对策为住房公积金运行实现由"分散"到"统筹"、由"封闭"到"开放"、由"低效"到"高效"转型决策提供参考。

住房公积金运行效率的科学量化是一大难点。本书在模型建立过程中,以跨学科交叉方法的整合使用,增强了效率分析的科学性;相关计算机软件的综合使用,提高了效率实证分析的客观性。全书系统化、模型化、定量化的实证研究,既是一个挑战又是一大创新。主要结论如下。

(1)在住房公积金运行的总体特征分析方面,确定了 31 个省份住房公积金运行效率在全国范围的区域类型划分及分布规律,分析了住房公积金运行效率的区域差异特征。

1)建立了住房公积金运行效率分析总体指标体系。系统梳理得出中国住房公积金运行发展四大阶段,并视我国 31 个省份为一个整体研究对象,从宏观层面来探究社会经济发展与住房公积金的实际运行这一复杂巨系统。根据中国住房公积金事业运行实际和行业目前的统计惯例及全国年度报告披露的基本内容,建立了住房公积金运行效率分析总体指

标体系。

2)划分出全国住房公积金运行效率水平区域类型。借鉴经济学的相关理论,在筛选出 12 个影响全国住房公积金运行的绝对值指标的基础上,运用主成分分析法得出全国住房公积金运行效率水平区域类型划分。作为对比和验证,进一步组合 9 个相对值指标建立聚类指标体系,运用聚类分析法,得出全国住房公积金运行效率水平分类及分布,与主成分分析方法的结论基本一致。

3)得出全国住房公积金运行效率水平的五级分类区域分布结论。第一类省份为北京、上海、天津;第二类省份为江苏、浙江、福建、重庆;第三类省份为广东、辽宁、山东、河北、河南、湖北、湖南、江西、安徽、广西、海南、吉林、黑龙江、四川、贵州、云南、内蒙古、宁夏、新疆;第四类省份为山西、陕西、甘肃、青海;第五类省份为西藏。在此基础上,进一步对住房公积金运行区域分布差异特征进行了解析。

(2)在住房公积金运行的静态效率实证分析方面,主要进行静态效率测度与静态效率实证分析,并对外部影响因素进行了剖析。

1)基于 DEA-CCR 模型,引入智能算法测度住房公积金运行静态效率。选取数据包络分析的 CCR 模型,提出单个决策单元效率测度模型、所有决策单元的整体效率测度模型,并利用差分进化算法对模型中的权系数进行求解。通过实证得出 31 个省份及全国投入产出静态效率的量化值,定量揭示全国住房公积金运行效率的省份差异。研究显示,在我国 31 个省份中,北京、上海、天津、江苏、浙江等 11 个省份的静态效率达到 1,为有效状态;河南、河北、江西、贵州等 20 个省份的静态效率未达到 1,为无效状态。整体效率测度显示,住房公积金运行静态效率最优值为 0.78,当前全国住房公积金运行静态效率现有格局并未达到整体最优,运行仍存在一定的改进空间。从全国住房公积金的宏观情况来看,封闭运作模式制约了各省份住房公积金的运行效率,政策的高效性尚未在全国充分体现,中西部省份存在较大改进空间。管理者应有针对性地提高这些省份的住房公积金运行效率,这对改进当地职工的住房保障满意度和全国住房公积金制度长期健康发展具有重要影响。

2)基于 DEA-BCC 模型,把静态效率细分解为三个子项,即综合技术效率、纯技术效率与规模效率,继续对住房公积金运行的静态效率进行实证分析。结果表明,31 个省份的综合技术效率为 0.917,东部省份的运行效率高于西部省份,这与前面 DEA-CCR 模型的静态效率实证结果逻辑吻合。从全国范围来看,北京、上海、天津、江苏、浙江、福建、重庆这 7 个省份是综合技术效率最高的省份,广东紧接其后;相对居后的省份为山西,其次为青海,远低于全国平均值,加强中西部省份住房公积金运行效率是亟须解决的问题。

3)对比不同区域住房公积金的规模效率差异。我国 31 个省份的纯技术效率为 0.923,处于较高的水平;其中北京、上海、天津、江苏等 9 省份都达到纯技术效率相对最优值 1,低于全国平均水平的省份有山东、河南、河北、四川等 12 省份。31 个省份规模效率的均值为 0.975,整体较高,住房公积金的规模处于较为合理的水平;其中北京、上海、天津、浙江等 8 个省份的规模效率为 1,是规模效率最高的省份,相对来讲,规模效率最小的省份为青海。对比来看,西部省份与东部省份在整体规模效率方面差距较小,许多中西部省份住房公积金的规模效率与东部省份较为接近,说明中西部省份近年来在住房公积金运行方面取得了明显成效,进而缩小了与东部省份间的差距。研究表明,北京、上海、天津、浙江、江苏、福建、重庆等 8 个省份处于规模报酬不变的状况,基本是综合技术效率、纯技术效率、规模效率始终为 1 的省份,说明投入与产出始终保持一致;江西、四川、河南、安徽等 10 个省份处于规模报酬递减的状况,说明投入产出比下降,需要进行适当调整;河北、山东、吉林、云南等 13 个省份处于规模报酬递增的状况,说明投入产出比得到了持续的提升,住房公积金运行得到了改善。在规模报酬递减的省份中,中部省份比西部省份所占比重更大。

4)进一步采用"多元线性回归"模型对影响综合技术效率的外部环境变量进行回归,得出经济发展水平的 GDP、住房销售总额、住宅平均销售价格 3 个变量均对其影响较弱,城镇居民人均可支配收入对住房公积金运行效率有显著影响。

(3)在住房公积金运行的动态效率实证分析方面,主要解析了住房公积金运行系统,基于 DEA-Malmquist 指数法进行动态效率分析,并进一步基于均衡实证分析剖析动态效率问题的内部机理。

1)对于住房公积金运行系统,现实状态下,住房公积金运行的投入主要靠制度的强制性推动,住房公积金的产出受外部因素影响,显然与住房公积金运行的理想状态不同,成为住房公积金运行投入产出均衡及效率问题的重要机制原因。

2)基于 DEA-Malmquist 指数法,对住房公积金运行的动态效率进行实证分析。研究可知从 1999 年—2014 年 S 省的住房公积金运行中,以 1999 年为基准,16 年来,住房公积金运行综合效率的改进系数为 0.994,表明综合技术效率总体改进基本未变。

3)对 S 省的住房公积金运行 16 年来的投入产出均衡情况进一步实证分析表明,具体为 2001 年、2002 年、2004 年、2005 年、2008 年、2010 年、2011 年、2014 年住房公积金运行处于投入产出非均衡状态,这 8 年正是综合技术效率降低年份;而 2000 年、2003 年、2006 年、2007 年、2009 年、2012 年、2013 年住房公积金运行处于投入产出均衡的状态,这 7 年也正是综合技术效率改进年份;投入产出处于均衡状态的效率改进与非均衡状态的效率降低年份相当,投入产出均衡情况是动态效率问题的直接原因。而制度设计中封闭式的资金运作模式,不能实现资金的横向移动并产生规模效益,是造成中国目前住房公积金资金整体运行效率不高现象产生的根本原因。

(4)在住房公积金运行效率的优化对策方面,从中短期和中长期两个维度提出优化机制。

1)提出中国住房公积金制度顶层设计优化路径。

2)基于中短期视角提出"实行弹性化缴存、差异化贷款、多样化提取"的效率优化机制。

3)基于中长期视角提出"推行自主性运营、探索准开放金融、试点跨区域统筹"的效率优化机制。为解决中国住房公积金运行效率问题及当前住房公积金制度的供给侧结构性改革提供重要参考。

综上,住房公积金的分散、封闭运行模式,已成为影响住房公积金运行效率的关键问题。进入新发展阶段,在当前完善租购并举的住房制度改革和事关民生与深化改革的宏观背景下,为推进中国住房公积金事业可持续发展,应加强住房公积金制度供给侧结构改革,提高住房公积金运行效率。

第二节 研究价值

"民以食为天,以住为地""有恒产者有恒心""安居乐业""筑巢引凤"等,道出了中国传统文化中居所与居民的关系,也深深地植根于中国人的传统观念中。新中国成立尤其是改革开放以来,我国经济社会经历了快速发展和变革,住房问题也始终是社会最为关心的主题之一。

（一）理论价值

在当前新的住房制度改革环境下,在加快形成"双循环"发展格局的背景下,无论对于住房公积金制度本身,还是对于我国国民经济发展,研究中国住房公积金的运行效率都是一个颇具理论价值和现实意义的问题。

第一,近年来中国学者虽然对住房公积金制度开展了卓有成效的研究,但综合来看,目前仍然缺乏理论与实践深度结合的系统研究,住房公积金运行理论有待进一步发展丰富。

住房公积金运行30多年来,社会对该领域仍然缺乏深层次的了解,行业中目前也尚未完全建立规范和统一的运行效率评价标准,更缺少全国住房公积金运行管理与决策需要的科学依据。本书的住房公积金运行效率分析,可为客观反映住房公积金运行情况及建立规范的评价体系提供参考。

第二,理论界、实务界对住房公积金开展的一些研究,一定程度上探索了运行的效率,但整体看,这些研究基本局限于住房公积金运行的单一城市或单一角度,且基本以定性研究为主。本书的住房公积金运行效率研究,突破了已有的研究范畴,构建了住房公积金运行的效率定量、多维研究框架,为规范住房公积金实际运行提供借鉴。

第三,本书对经济学、统计学、管理学、社会学、人工智能等相关学科进行跨界整合,多学科、多角度、多层面解析住房公积金运行的特征、效率,拓展了这些理论在经济管理领域的交叉实践空间,也进一步检验了这些理论在住房公积金运行中的应用成效。

（二）现实价值

1. 有利于维护社会稳定

在中国发展步入新发展阶段的时代背景下,住房公积金运行规模扩大迅速,积累资金数额较大,解决中低收入阶层的住房问题仍然任重道远,因而更加需要住房公积金继续承担历史使命。本书旨在为中国住房公积金运行改革、化解当前运行效率矛盾提出有效措施,使住房公积金制度发挥更大作用,增进民生福祉。

2. 有利于管理部门防范风险及决策

当前中国住房公积金运行模式具有很强的属地化特征,即各个城市分散运作、封闭管理。显然,这种属地化经营模式有利于增强住房公积金制度的灵活性,但互不流通的资金归集和使用模式使得住房公积金的规模效应难以得到发挥,因而增加了资金池的流动性风险。从中国的基本国情来看,我国正处于也将长期处于社会主义初级阶段,并且现阶段中国仍然是世界上最大的发展中国家,国内各省份之间的经济社会发展差异显著。为更好地促进住房公积金整体协调发展,本书通过技术与经济分析相结合的方法,针对当前住房公积金的运行效率的复杂性特点,通过系统化、模型化、定量化研究的实证结果可为管理部门制定风险防范措施及相关政策决策提供理论参考。

3. 有利于新的住房制度改革顺利开展

回溯历史,中国住房公积金的设立初衷是实行低成本的职工住房消费融资,通过互助性的制度设计,解决城市职工购房资金短缺的问题,并且体现出住房保障功能。住房公积金运行中发挥住房保障作用的主要方式是发放低息个人住房贷款、支持房屋租赁提取等,这实际上体现出了住房公积金制度的互助性。

研究中国住房公积金的运行效率,对改进可持续的运行机制,破解当前运行中的瓶颈,更好地改善职工住房条件,促进住房体制改革的顺利开展,具有重要的现实意义。

（三）主要创新点

由于住房公积金具有住房保障、住房金融等"多属性"特点,使得住房公积金运行效率的研究既是一个经济学问题,也含有丰富的社会学意义,更体现了管理学的思想,呈现出"跨学科、多层面、多维度"的复杂性。本书在现有研究资源、数据与工具情况下,选取"住房公积金运行效率"作为主题,在以下几个方面体现了一定的开拓性。

一是在研究内容方面,视全国住房公积金运行为一个整体对象,进行静态、动态效率的"多视角、立体式"研究。本书通过对全国住房公积金运行效率总体特征及静态、动态效率进行定量实证研究,全景式分析了住房公积金实际运行效率特征,总结出了全国范围内住房公积金运行效率的一般性规律;剖析了住房公积金运行中静态效率、动态效率的客观规律及内在机理,以对全国住房公积金运行效率研究领域有所补充。

二是在研究方法方面,引入系列效率模型,综合运用智能算法等对住房公积金运行效率进行"模型化、定量化"的系统实证研究。通过 PCA 模型结合聚类算法确定其区域分布,首次运用人工智能理论中差分进化算法对 DEA-CCR 模型进行求解来测度静态效率,基于 DEA-BCC 模型把静态效率细分为三个子项实证解析,基于 DEA-Malmquist 指数法进行动态效率解析,并进一步基于均衡分析剖析动态效率问题的内部机理。模型的合理性为分析的科学性提供基础,而算法的引入为模型的正确求解提供支撑。本研究中使用到的模型及相关算法,进一步拓展了有关理论在经济管理领域的交叉实践空间,对住房公积金运行效率的研究方法多样化大有裨益。

三是在研究结论方面,结合实证分析结果,从中短期、中长期不同视角提出"全方位、多层次"的住房公积金运行效率优化对策。对效率优化的对策,现有文献观点大致趋同。本书将理论与实践深度结合,基于实证结果并借鉴国外经验,根据住房公积金运行改革所必需的法律修改外部条件和实际的可操作性,首次按照由近及远的原则,分别基于中短期、中长期为中国住房公积金运行效率优化设计了一条分期改革路径,对改进住房公积金运行效率及促进其在新发展阶段转型提供一定的参考。

第三节　研究展望

住房公积金制度在我国已经落地实施了 30 多年,作为我国住房制度改革的中心环节,作为一项国家重要的社会保障制度安排,在促进住房建设、提高居民居住水平、实现经济社会高质量发展中应该发挥更好的作用。从历史的角度看,住房公积金制度作为住房改革的一项标志性举措,在过去 30 多年的运行实践中发挥着重要作用,但随着经济社会的快速发展以及住房市场的深度变革,住房公积金制度的管理体制、投入产出机制、公平性等问题也逐渐显现。在充分肯定住房公积金制度取得成效的同时,必须看到城乡区域发展和收入分配仍然有一些差距,群众在住房等方面面临一些难题,住房公积金制度运行还存在一些不足,包括:住房公积金制度发展不平衡不充分问题仍然突出,住房公积金制度推进高质量发展还有许多瓶颈,科技创新能力还不强;确保住房公积金制度运行安全稳定和防范化解风险尚须解决一些难题。

回溯历史,中国住房公积金制度经历了一个由放开、收紧、再放开的一个完整周期,从起初的实践探索阶段发展至成熟运行阶段。党的十八届三中全会《关于全面深化改革若干重大问题的决定》提出,要"建立公开规范的住房公积金制度,改进住房公积金提取、使用、监管机制"。党的十九届四中全会进一步提出,要"坚持和完善统筹城乡的民生保障制度,满足人民日益增长的美好生活需要;完善覆盖全民的社会保障体系;

加快建立多主体供给、多渠道保障、租购并举的住房制度"。2019 年中央经济工作会议也要求,改革住房公积金制度,研究设立国家住宅政策性金融机构。2020 年 5 月 18 日,中共中央国务院《关于新时代加快完善社会主义市场经济体制的意见》,也进一步明确了"改革住房公积金制度"的基本方向。总体上,改组为住宅政策性金融机构或与社会保障制度合并两大方案的关注度高。但如何改组或合并,或改革为其他方案目前还未形成一致性意见,当前依然要不断提升住房公积金运行效率。

中国是一个有着 14 亿多人口的世界第二大经济体。从保障和改善民生维度看,住房公积金制度仍然是住房金融制度的重要组成部分,是维护社会公平、增进人民福祉的基本制度保障。中央提出"要稳妥实施房地产市场平稳健康发展长效机制方案",这将考验政府的治理能力和执政水平。实践证明,政府在生产和供给公共物品方面的确起到了决定性作用,政府能够运用其强大的人力、物力资源在较短的时间内提供社会所需的公共产品。未来的住房制度改革将围绕"房住不炒"的长期定位,确立"市场与保障两个体系并重、租购并举"的供应体系,实现"市场稳定、住有所居"的发展目标。国家在新的住房制度中已明确住房供应体系为保障体系下的租房和购房供给,覆盖公共租赁房和共有产权房以及市场体系下的租赁住房和商品房。进入新发展阶段,应增强住房公积金资金金融属性,变革住房公积金政策刚性属性,降低住房公积金所有权与支配权分离程度,以提高住房公积金制度运行效率,不断满足人民日益增长的美好生活需要,不断提升人民群众获得感、幸福感、安全感。

"十四五"时期是我国全面建成小康社会,实现第一个百年奋斗目标之后,乘势而上开启全面建设社会主义现代化国家新征程、向第二个百年奋斗目标进军的第一个五年,也将是住房公积金事业高质量发展的重要战略机遇期。住房公积金运行效率是一个实践性较强的综合性学术问题，跨学科、跨行业、跨地区的系统研究正在兴起，本书在揭示住房公积金运行效率客观规律、提出效率优化对策等方面，仅期望起到抛砖引玉的作用。2021年3月，十三届全国人大四次会议通过的《中华人民共和国国民经济和社会发展第十四个五年规划和2035年远景目标纲要》中又再一次明确提出，"改革完善住房公积金制度，健全缴存、使用、管理和运行机制"。在"十四五"时期乃至未来更长的一段时期，住房公积金制度应结合国家新型城镇化发展和中国住房市场的实际情况的需要，在制度变革治理方面进行更深更广的探索，既要打好防范和抵御风险的有准备之战，也要打好化险为夷、转危为机的战略主动战。如何进一步结合政治学、管理学、经济学、社会学和人工智能理论的交叉跨界研究及其定量实证研究应是住房公积金运行效率及相关研究的未来方向。

进入新发展阶段，中国住房公积金制度是促进经济发展、实现人民共享改革发展成果的重要制度安排，是治国理政的大问题，必须有效响应中央全面深化改革任务要求，前瞻性地推出保障和改善住房民生的革新举措。在我国正处于经济结构转换的关键期和深层次问题的累积释放期，简单的宏观政策调节和行政管控，难以应对基础性利益冲突和制度积累所产生的问题，基础性、全局性改革依然是解决目前住房公积金制度结构转型时期各类深层次问题的关键。在中国将全面开启新一轮全方位改革开放和新一轮供给侧结构性改革的时代背景下，在"推进国家治理体系和治理能力现代化"框架下，需要着重解决面临的深层次结构性与体制性治理问题，亟须重新审视住房公积金制度的运行框架以及政府在制度治理效能中的责任边界。在增进民生福祉和推动高质量发展的政策指引下，提升住房公积金运行效率和治理效能需要坚持总体国家安全观，统筹传统安全和非传统安全，将安全发展贯穿国家发展各领域和全过程，确保国家经济安全,维护社会稳定。①

　　总之,中国住房公积金制度作为我国住房改革的核心制度设计,推动了由福利实物分房向市场购买商品房的历史性变革,开启了我国房地产由计划经济体制转向市场化体制运作大发展的历史进程。当前和今后一个时期,我国的社会结构、城市经济结构、城市化发展正产生深刻变化,现行住房公积金制度运行效率关系到不同社会群体切身利益的协调均衡。未来,在改革开放的新征程中必须贯彻新发展理念,进一步构建公平参与、互助互利的全新制度环境和内在动力机制,以更加充分发挥住房公积金制度作用。住房公积金制度必须提升住房市场韧性②,健全住房市场机制,为增进民生福祉、实现全体人民住有所居、住有宜居作出更大的历史贡献。

---

　　① 蒋华福:《国家利益拓展到哪里,国家安全边界就跟进到哪里》,《上观新闻》2021 年 4 月 15 日。
　　② 蒋华福:《"韧性"是应对城市不确定风险的全新途径》,《社会科学报》2018 年 7 月 12 日。

主要参考文献

一、中文文献

(一)文件

1.《关于〈住房公积金管理条例(修订送审稿)〉的说明》,住房城乡建设部 2015 年。

2.《全国住房公积金 2014 年年度报告》,住房和城乡建设部 2015 年。

3.《全国住房公积金 2019 年年度报告》,住房和城乡建设部 2020 年。

4.《全国住房公积金 2020 年年度报告》,住房和城乡建设部 2021 年。

5.《全国住房公积金 2021 年年度报告》,住房和城乡建设部 2022 年。

(二)著作

1.[德]贝克·乌尔里希:《世界风险社会》,吴英姿、孙淑敏译,南京大学出版社 2004 年版。

2.[美]曼昆·格里高利·N.:《经济学原理》,梁小明译,北京大学出版社 2009 年版。

3.[美]萨缪尔森·保罗、诺德豪斯·威廉:《经济学(第 18 版)》,萧深等译,人民邮电出版社 2008 年版。

4.白钦先:《白钦先经济金融文集(第二版)》,中国金融出版社 1999 年版。

5.刘洪玉主编:《推进与完善住房公积金制度研究》,科学出版社 2011 年版。

6.王洪卫:《中国住房金融:资金筹措与风险防范机制》,上海财经大学出版社 2001 年版。

7.杨伯峻:《孟子译注》下册,中华书局出版 1960 年版。

8.中共中央马克思恩格斯列宁斯大林著作编译局:《论住宅问题》,人民出版社 2012 年版。

9.中国人民银行、中华人民共和国建设部等:《中国住宅金融报告》,中信出版社 2003 年版。

10.朱婷:《住房公积金问题研究》,社会科学文献出版社 2012 年版。

11.吕秀萍:《中国保险业效率的理论和实证分析》,冶金工业出版社 2008 年版。

(三)报刊

1.陈杰:《关于住房公积金改革的若干思考》,《中国市场》2011 年第 3 期。

2.陈杰:《中国住房公积金制度的困境与出路(上)》,《中国房地产》2010 年第 5 期。

3.陈杰:《中国住房公积金制度的历史、当前挑战与出路》,《中国房地产金融》2009 年第 7 期。

4.陈杰:《中外住房公积金制度之比较》,《上海房地》2010 年第 9 期。

5.陈杰:《住房公积金的流动性危机》,《中国房地产》2010 年第 2 期。

6.陈杰:《住房公积金制度改革的基本思路》,《中国房地产》2009 年第 12 期。

7.陈瑾:《论住房公积金制度的运行效率》,《建筑经济》2008 年第 1 期。

8.陈美蓉:《住房公积金制度下各方关系博弈分析》,《西南交通大学学报(社会科学版)》2005 年第 4 期。

9.陈友华:《住房公积金制度:问题、出路与思考》,《山东社会科学》2014 年第 3 期。

10.耿杰中:《破解住房公积金发展之困》,《北京观察》2014 年第 1 期。

11.耿杰中:《住房公积金发展与改革的若干思考》,《中国行政管理》2014 年第 4 期。

12.顾书桂:《中国住房公积金制度的问题及改革方向》,《湖北经济学院学报》2013 年第 2 期。

13.郭林:《四维环境视角下新加坡中央公积金制度之变迁及其启示研究》,《南洋问题研究》2012 年第 2 期。

14.何大安:《行为经济人有限理性的实现程度》,《中国社会科学》2004 年第 4 期。

15.何大阔等:《多智能体差分进化算法》,《控制与决策》2011 年第 7 期。

16.何梦琳:《试议住房公积金贷款风险控制》,《商业经济》2014 年第 1 期。

17.胡昊、贾宝魁:《住房公积金长效管理与风险控制研究》,《上海房地》2008 年第 1 期。

18.胡昊:《住房公积金建房的若干思考》,《中国地产市场》2009 年第 8 期。

19.黄静、胡昊等:《我国住房公积金制度有效性分析》,《武汉理工大学学报(信息与管理工程版)》2009 年第 5 期。

20.黄宁:《关于主成分分析应用的思考》,《数理统计与管理》1999 年第 5 期。

21.黄庭钧:《公积金制度再创新升温》,《瞭望新闻周刊》2005 年第 12 期。

22.吉根林、孙志挥:《数据挖掘技术》,《中国图象图形学报》2001 年第 8 期。

23.蒋华福、王广斌:《基于国际视角的住房公积金设计路径》,《住宅科技》2016 年第 2 期。

24.蒋华福、王广斌:《我国住房公积金空间格局研究》,《住宅科技》2016 年第 3 期。

25.蒋华福:《风险预警下住房公积金供需的结构性均衡》,《企业经济》2018 年第 7 期。

26.蒋华福:《供给侧改革视阈下住房公积金运行绩效治理研究》,《上海交通大学学报(哲学社会科学版)》2018 年第 5 期。

27.蒋华福:《基于系统分析的住房公积金运行效能治理研究》,《经济问题》2018 年第 9 期。

28.蒋华福:《美欧亚发达国家住房保障政策发展史评述及启示》,《上海党史与党建》2013 年第 4 期。

29.蒋华福:《总体国家安全观的战略体系与思维方法》,《党建研究》2019 年第 6 期。

30.蒋华福:《做好维护社会稳定工作》,《党课参考》2020 年第 Z1 期。

31.劳杰聪、刘洪玉:《住房公积金沉淀资金存款收益优化研究》,《中国房地产》2013 年第 20 期。

32.李楚星、刘飞鹏:《对提高住房公积金使用率的探讨》,《中国房地产金融》2002 年第 6 期。

33.李德仁、王树良等:《论空间数据挖掘和知识发现的理论与方法》,

《武汉大学学报(信息科学版)》2002年第3期。

34.李茂生:《现代市场经济社会的财政职能》,《财贸经济》2005年第11期。

35.李伟:《如何调整住房公积金资金运管模式的思考》,《中国房地产金融》2012年第7期。

36.李晓红:《论我国住房公积金运行中存在的问题》,《中国外资》2011年第24期。

37.李燕、周勇等:《住房公积金的住房保障作用探析》,《特区经济》2010年第8期。

38.李勇辉、修泽睿:《我国城镇住房制度改革对收入分配影响分析》,《当代经济研究》2005年第5期。

39.李玉珍、王宜怀:《主成分分析及算法》,《苏州大学学报(自然科学版)》2005年第1期。

40.刘炳南、宋芳芳等:《西安市住房公积金运行效率实证研究》,《中国经贸导刊》2012年第14期。

41.刘佳、陆菊等:《基于DEA-Malmquist模型的中国沿海地区旅游产业效率时空演化、影响因素与形成机理》,《资源科学》2015年第12期。

42.刘丽巍:《我国住房公积金管理体制及运营模式改革探讨》,《中国房地产》2008年第7期。

43.刘丽巍:《我国住房公积金制度的现实挑战和发展方向》,《宏观经济研究》2013年第11期。

44.刘文丽、罗能勤:《我国住房公积金制度改革问题探析》,《理论导刊》2014年第5期。

45.刘振滨、郑逸芳等:《省域高校科研产出效率分析——基于DEA-BCC模型》,《中国高校科技》2014年第12期。

46.刘志成、张晨成:《湖南省农业生态效率评价研究——基于 SBM-undesirable 模型与 CCR 模型的对比分析》,《中南林业科技大学学报(社会科学版)》2015 年第 6 期。

47.路君平、李炎萍等:《我国住房公积金制度的发展现状与对策研究》,《中国社会科学院研究生院学报》2013 年第 1 期。

48.倪鹏飞、刘高军等:《中国城市竞争力聚类分析》,《中国工业经济》2003 年第 7 期。

49.宋金昭:《基于 DEA 的住房公积金制度运行效率实证研究》,《商业时代》2011 年第 27 期。

50.宋金昭:《住房公积金供求市场的非均衡模型研究》,《商业时代》2011 年第 13 期。

51.苏虹:《连接资金孤岛,化解流动性风险——住房公积金全国资金调剂平台初探》,《中国房地产金融》2014 年第 8 期。

52.孙剑、李启明等:《中国建筑业供求关系监测模型研究》,《建筑经济》2005 年第 7 期。

53.汤效琴、戴汝源:《数据挖掘中聚类分析的技术方法》,《微计算机信息》2003 年第 1 期。

54.汪利娜:《中国住房市场的三大制度缺失》,《财经科学》2010 年第 8 期。

55.汪利娜:《住房公积金信贷政策与收入分配》,《中国房地产金融》2003 年第 2 期。

56.王爱民、马国丰:《住房公积金供求机制的一般研究》,《上海金融》2003 年第 10 期。

57.王红、夏卫兵等:《住房公积金资金流预测的方法和应用》,《城乡建设》2015 年第 8 期。

58.王凌云:《试论住房公积金制度的公平问题》,《中国房地产金融》2007 年第 6 期。

59.王先柱、吴义东:《住房公积金政策性金融功能提升研究——现实需求、内在逻辑与思路设计》,《江苏行政学院学报》2018 年第 4 期。

60.王洋、胡国晶:《论如何进一步发挥住房公积金住房保障作用》,《民营科技》2009 年第 3 期。

61.吴义东、陈杰:《保障性抑或互助性:中国住房公积金制度的属性定位与改革取向》,《中国行政管理》2020 年第 9 期。

62.吴义东、王先柱:《住房公积金流动性风险研究——来自上海市的经验证据》,《统计与信息论坛》2018 年第 9 期。

63.吴义东、吴璟等:《中国住房公积金绩效评价与制度改革:研究述评与理论思考》,《经济研究参考》2020 年第 15 期。

64.夏恩德、石璋铭:《住房公积金属性研究》,《经济问题》2009 年第 9 期。

65.夏卫兵、张攀红:《缴存者行为对住房公积金缴存额的影响研究——基于广州市的实证分析》,《社会保障研究》2013 年第 6 期。

66.肖尧、林忠等:《委托代理理论与住房公积金的运行管理》,《中国房地产金融》2000 年第 2 期。

67.谢虎:《住房公积金运营及使用的影响因素》,《经济导刊》2011 年第 6 期。

68.徐峰、胡昊等:《住房消费中住房公积金的贡献度——以典型城市为例的实证研究》,《建筑经济》2007 年第 4 期。

69.徐钦智:《论构建社会主义和谐社会中效率与公平的定位问题》,《东岳论坛》2005 年第 4 期。

70.杨兵:《我国住房公积金制度公平性研究》,《社会保障研究》2010

年第6期。

71.杨刚、王洪卫:《公积金制度对上海住房市场量价波动的影响研究》,《上海财经大学学报》2012年第1期。

72.杨黎明、余劲:《我国住房公积金贷款对房价影响的动态研究——基于2002—2011年七个二线城市的面板数据》,《南京农业大学学报(社会科学版)》2013年第5期。

73.杨依平等:《全国统一住房公积金管理框架初探》,《财经界》2013年第35期。

74.杨永恒、胡鞍钢等:《基于主成分分析法的人类发展指数替代技术》,《经济研究》2005年第7期。

75.姚峰、杨卫东等:《改进自适应变空间差分进化算法》,《控制理论与应用》2010年第1期。

76.叶双峰:《关于主成分分析做综合评价的改进》,《数理统计与管理》2001年第2期。

77.叶卫东:《住房公积金制度安排及运行的低效率研究》,《经济论坛》2008年第4期。

78.叶文渊:《浅谈现阶段住房公积金存在的问题及应对方法》,《中国外资》2013年第9期。

79.尹志锋:《从功能视角分析我国住房公积金体系的建设与发展》,《金融管理与研究》2011年第5期。

80.余功斌、牟伟:《深化住房公积金制度改革的思考》,《中国财政》2015年第7期。

81.张素芳:《论市场分配经济利益和配置生产资源的基础性作用——四论市场经济的公平与效率》,《经济评论》2005年第5期。

82.张维波:《完全积累的个人账户制与住房公积金的不公现象》,

《中国房地产》2008年第2期。

83.张兴文:《论中国住房公积金管理存在的问题与对策》,《经济研究导刊》2013年第24期。

84.赵黎明、焦珊珊等:《中国城镇化效率测度》,《城市问题》2015年第12期。

85.赵小玉:《住房公积金贷款风险成因与防范对策》,《金融经济》2013年第22期。

86.周京奎:《公积金约束、家庭类型与住宅特征需求——来自中国的经验分析》,《金融研究》2011年第7期。

87.周云波、武鹏等:《中国旅游业效率评价与投入改进分析》,《山西财经大学学报》2010年第5期。

88.邹志文、朱金伟:《数据挖掘算法研究与综述》,《计算机工程与设计》2005年第9期。

89.蒋华福:《走出一条共建共享共赢安全新路》,《解放日报》2018年7月3日。

90.蒋华福:《"韧性"是应对城市不确定风险的全新途径》,《社会科学报》2018年7月12日。

91.蒋华福:《防范叠加共振风险》,《解放日报》2020年4月21日。

92.蒋华福:《国家利益拓展到哪里,国家安全边界就跟进到哪里》,《上观新闻》2021年4月15日。

93.蒋华福:《有防范先手又有化解高招》,《解放日报》2021年4月20日。

（四）网络

1.中华人民共和国住房和城乡建设部:《奋力开创住房和城乡建设事业高质量发展新局面,为全面建设社会主义现代化国家作出新贡献——

全国住房和城乡建设工作会议召开》,2020 年 12 月 21 日,见 http://www.mohurd.gov.cn/xinwen/jsyw/202012/20201221_248547.html。

2.《世界人权宣言》,联合国大会第 217A(Ⅲ)号决议,1948 年 12 月 10 日,见 https://www.un.org/zh/udhrbook/#55。

3.中华人民共和国国务院:《国务院关于深化城镇住房制度改革的决定》,国发〔1994〕43 号,1994 年 7 月 18 日,见 http://www.gov.cn/zhuanti/2015-06/13/content_2878960.htm。

4.中华人民共和国国务院:《住房公积金管理条例》,中华人民共和国国务院令第 262 号,1999 年 4 月 3 日,见 http://law168.com.cn/doc/view?id=152251。

5.中华人民共和国国务院:《国务院关于修改〈住房公积金管理条例〉的决定》,中华人民共和国国务院令第 350 号,2002 年 3 月 28 日,见 http://www.mohurd.gov.cn/gongkai/fdzdgknr/flfg/xingzfg/200203/20020328_158961.html。

6.《2002 年全国住房公积金工作会议报告》,2002 年 5 月 19 日,见 http://www.cctv.com/news/xwlb/20020519/297.html。

7.中华人民共和国住房和城乡建设部:《关于完善住房公积金决策制度的意见》,建房改〔2002〕149 号,2002 年 6 月 24 日,见 http://www.mohurd.gov.cn/gongkai/fdzdgknr/tzgg/200206/20020624_157633.html。

8.中华人民共和国国务院:《关于住房公积金管理若干具体问题的指导意见》,建金管〔2005〕5 号,2006 年 10 月 13 号,见 http://www.gov.cn/ztzl/nmg/content_412463.htm。

9.中华人民共和国住房和城乡建设部:《2008 年全国住房公积金管理情况通报》,2009 年 3 月 23 日,见 http://www.mohurd.gov.cn/xinwen/gzdt/200903/20090323_187675.html。

10.全国人民代表大会:《中华人民共和国国民经济和社会发展第十三个五年规划纲要》,2013 年 11 月 15 日,见 http://www.npc.gov.cn/wxzl/gongbao/2016-07/08/content_1993756.htm。

11.《中共中央关于全面深化改革若干重大问题的决定》,2013 年 11 月 15 日,见 http://www.gov.cn/jrzg/2013-11/15/content_2528179.htm。

12.住房和城乡建设部:《全国住房公积金 2014 年年度报告》,2015 年 6 月 13 日,见 http://www.gov.cn/xinwen/2015 - 06/13/content _ 2879084.htm。

13.《2015 年全国住房城乡建设工作会议报告》,2015 年 12 月 28 日,见 https://www.163.com/news/article/BBU9V5PM00014SEH.html。

(五)硕士博士论文

1.戴家刚:《住房公积金中沉淀资金预测模型的研究与实现》,硕士学位论文,清华大学软件工程系,2007 年。

2.李贵颖:《住房公积金资金使用效率研究》,硕士学位论文,天津大学工商管理系,2013 年。

3.刘清华:《中国住房公积金制度研究》,博士学位论文,河海大学技术经济与管理系,2003 年。

4.刘清华:《中国住房公积金制度研究》,博士学位论文,河海大学技术经济与管理系,2003 年。

5.柳鹏:《中国住房公积金制度运行的有效性研究》,硕士学位论文,安徽大学西方经济学系,2012 年。

6.毛锐:《应对气候变化制度的经济学分析》,博士学位论文,吉林大学,2016 年。

7.彭晓华:《基于效率与公平的我国城镇住房发展模式研究》,博士学位论文,暨南大学企业管理系,2007 年。

8.任海丹:《公平视角下我国住房公积金问题研究》,硕士学位论文,延安大学行政管理系,2013年。

9.宋芳芳:《陕西省住房公积金运行机制与效率评价研究》,硕士学位论文,西安建筑科技大学工程经济与管理系,2012年。

10.宋金昭:《我国住房公积金的资源配置及效率研究》,博士学位论文,西安建筑科技大学结构工程(土木工程建造与管理)系,2013年。

11.王彬:《基于系统分析的住房公积金供需均衡研究》,博士学位论文,西安建筑科技大学结构工程系,2008年。

12.王世联:《中国城镇住房保障制度思想变迁研究(1949—2005)》,博士学位论文,复旦大学经济思想史系,2006年。

13.温雅:《西安市住房公积金供需均衡的监测研究》,硕士学位论文,西安建筑科技大学工程经济与管理系,2015年。

14.于静:《郑州市住房公积金制度运行有效性评估研究》,硕士学位论文,河南大学社会保障系,2014年。

15.章钧:《住房公积金制度的住房保障作用研究》,硕士学位论文,上海交通大学公共管理系,2009年。

16.朱婷:《住房公积金问题研究——基于境外住房资金积累和住房融资经验》,博士学位论文,福建师范大学政治经济学系,2011年。

17.朱昱萌:《住房公积金制度的公平性研究》,硕士学位论文,郑州大学社会保障系,2014年。

二、英文文献

(一)著作

1.Blanc le D. , *Economic evaluation of housing subsidy systems: a methodology with application to morocco*, Washington, D.C.: World Bank, 2005.

2.Boleat,Mark J and Saving Associations,*National Housing Finance Systems: A Comparative Study*,London:Routledge & Kegan Paul,1985.

3. Buckley, Robert M. , 2001. "Robert J. Struyk (Ed.), Home Ownership and Housing Finance Policy in the Former Soviet Bloc: Costly Populism", Journal of Comparative Economics, Elsevier, vol. 29(3), pages 572−576,September.

4.Blanc,David. (2005). Economic evaluation of housing subsidy systems: a methodology with application to Morocco. The World Bank,Policy Research Working Paper Series.

5.Fan M.,Perfect and innovate housing accumulation fund system to improve Chinese urbanization,2005.

6.Giriappa S.,*Housing Finance and Development in India*,New Delhi: Mohit Publications,1998.

7.King P.,*Understanding housing finance*,New York:Routledge,2001.

8.Liu LQ.,Liu W.,"Study in the Housing Guarantee System of Low and Middle-income Residents",2009.

9.Pozdenal Johnston Randal,*The modern Economics of Housing*,London: Quorum books,1988.

10.Quigley JM.,*The Economics of Housing*,Cheltenham:Edward Elgar Publishing,1997.

11.Struyk RJ.,*Home ownership and housing finance in the former soviet bloc: costly populism*,Washington,D.C.:The Urban Institute Press,2000.

（二）期刊

1.Aalbers MB.,Engelen E.,Glasmacher A.,"'Cognitive closure' in the Netherlands: mortgage securitization in a hybrid European political economy", *Environment and Planning A*, Vol.43, No.8(August 2011).

2.Ali R., Ismail S., Bakri MH., "A Comparative Analysis of Conventional and Shari'ah for Residential Mortgage-Backed Securities", In *International Conference on Economics and Business Research 2013*, Sidek NZM., Ahmad M., Marwan NF.(eds.), 2013.

3.Amado CAF., Santos SP., Marques PM., "Integrating the Data Envelopment Analysis and the Balanced Scorecard approaches for enhanced performance assessment", *Omega-Int J Manage S*, Vol.40, No.3(June 2012).

4.Amini A., Teh YW., Saboohi H., "On Density-Based Data Streams Clustering Algorithms: A Survey", *Journal of Computer Science and Technology*, Vol.29, No.1(January 2014).

5.Babu BV., Angira R., "Modified differential evolution (MDE) for optimization of non-linear chemical processes", *Computers & Chemical Engineering*, Vol.30, No.6-7(May 2006).

6.Banerjee A., Dhillon I., Ghosh J., et al, "A generalized maximum entropy approach to Bregman co-clustering and matrix approximation", *Journal of Machine Learning Research*, Vol.8, No.8(August 2007).

7. Brest J., Greiner S., Boskovic B., et al, "Self-adapting control parameters in differential evolution: A comparative study on numerical benchmark problems", *IEEE Transactions on Evolutionary Computation*, Vol.10, No.6(November 2006).

8.Brest J., Maucec MS., "Population size reduction for the differential evolution algorithm", *Applied Intelligence*, Vol.29, No.3(December 2008).

9.Buckley RM., "Housing finance in developing countries : a transaction cost approach", in *Policy Research Working Paper*, Washington, D.C.: World

Bank, 1989.

10. Cai R., Zhang Z., Tung AKH., et al, "A general framework of hierarchical clustering and its applications", *Information Sciences*, Vol. 272, No. C (July 2014).

11. Cook WD., Seiford LM., "Data envelopment analysis (DEA)-Thirty years on", *European Journal of Operational Research*, Vol. 192, No. 1 (January 2009).

12. Das S., Abraham A., Chakraborty UK., et al, "Differential Evolution Using a Neighborhood-Based Mutation Operator", *IEEE Transactions on Evolutionary Computation*, Vol. 13, No. 3 (June 2009).

13. Das S., Abraham A., Konar A., "Automatic clustering using an improved differential evolution algorithm", *IEEE Transactions on Systems, Man, and Cybernetics-Part A: Systems and Humans*, Vol. 38, No. 1 (January 2008).

14. Das S., Suganthan PN., "Differential Evolution: A Survey of the State-of-the-Art", *IEEE Transactions on Evolutionary Computation*, Vol. 15, No. 1 (February 2011).

15. Demiroglu C., James C., "How Important is Having Skin in the Game? Originator-Sponsor Affiliation and Losses on Mortgage-backed Securities", *Review of Financial Studies*, Vol. 25, No. 11 (November 2012).

16. Doyle J., Green R., "Efficiency and Cross-efficiency in DEA: Derivations, Meanings and Uses", *Journal of the Operational Research Society*, Vol. 45, No. 5 (May 1994).

17. Du KL., "Clustering: A neural network approach", *Neural Networks*, Vol. 23, No. 1 (January 2010).

18. Fenton L., Ferguson J., Moseley H., "Analysis of energy saving lamps

for use by photosensitive individuals", *Photochemical & Photobiological Sciences*, Vol.11, No.8(August 2012).

19.Fethi MD., Pasiouras F., "Assessing bank efficiency and performance with operational research and artificial intelligence techniques: A survey", *European Journal of Operational Research*, Vol.204, No.2(July 2010).

20. Gelpern A., Levitin AJ., "Rewriting Frankenstein Contracts: The Workout Prohibition in Residential Mortgage-Backed Securities", *Southern California Law Review*, Vol.82, No.6(December 2009).

21.Ghaemi R., Sulaiman bin N., Ibrahim H., et al, "A review: accuracy optimization in clustering ensembles using genetic algorithms", *Artificial Intelligence Review*, Vol.35, No.4(January 2011).

22.Haney AB., Pollitt MG., "Efficiency analysis of energy networks: An international survey of regulators", *Energy Policy*, Vol.37, No.12 (December 2009).

23.Hatami-Marbini A., Emrouznejad A., Tavana M., "A taxonomy and review of the fuzzy data envelopment analysis literature: Two decades in the making", *European Journal of Operational Research*, Vol.214, No.3(November 2011).

24.Hoek-Smith M., Diamond D., "The design and implementation of subsidies for housing finance", *Paper Prepared for the World Bank Seminar on Housing Finance*, March 2003.

25.Iglesias-Casal A., Lopez-Penabad Celia M., Lopez-Andion C., et al, "Market perception of bank risk and securitization in Spain", *Journal of Business Economics and Management*, Vol.17, No.1(January 2016).

26.Isa NAM., Mamat WMFW., "Clustered-Hybrid Multilayer Perceptron network for pattern recognition application", *Applied Soft Computing*, Vol.11, No.1(January 2011).

27. Islam SM., Das S., Ghosh S., et al, "An Adaptive Differential Evolution Algorithm With Novel Mutation and Crossover Strategies for Global Numerical Optimization", *IEEE Transactions on Systems, Man, and Cybernetics, Part B (Cybernetics)*, Vol.42, No.2(April 2012).

28. Jain AK., "Data clustering: 50 years beyond K-means", *Pattern Recognition Letters*, Vol.31, No.8(June 2010).

29. Jain AK., Duin RPW., Mao JC., "Statistical pattern recognition: A review", *IEEE Transactions on Pattern Analysis and Machine Intelligence*, Vol.22, No.1(January 2000).

30. Jain AK., Murty MN., Flynn PJ., "Data clustering: A review", *ACM Computing Surveys*, Vol.31, No.3(September 1999).

31. Jiang HF., Wang GB., "Prediction of supply and demand of housing provident fund from the aspect of equilibrium warning", *International Journal of Wireless and Mobile Computing*, Vol.10, No.3(June 2016).

32. Jiang HF., Wang GB., "Spatial equilibrium of housing provident fund in China based on data mining cluster analysis", *International Journal of Wireless and Mobile Computing*, Vol.10, No.2(April 2016).

33. Jiang W., Nelson AA., Vytlacil E., "Securitization and Loan Performance: Ex Ante and Ex Post Relations in the Mortgage Market", *Review of Financial Studies*, Vol.27, No.2(February 2014).

34. Johnson AL., Kuosmanen T., "One-stage and two-stage DEA estimation of the effects of contextual variables", *European Journal of Operational Research*, Vol.220, No.2(July 2012).

35.Johnson SC., "Hierarchical clustering schemes", *Psychometrika*, Vol. 32, No.3 (September 1967).

36.Joshi M., Lingras P., Rao CR., "Correlating Fuzzy and Rough Clustering", *Fundamenta Informaticae*, Vol.115, No.2-3 (April 2012).

37.Kao C., Liu S-T., "Efficiencies of two-stage systems with fuzzy data", *Fuzzy Sets and Systems*, Vol.176, No.1 (August 2011).

38.Karaboga D., Basturk B., "On the performance of artificial bee colony (ABC) algorithm", *Applied Soft Computing*, Vol.8, No.1 (January 2008).

39.Keys BJ., Mukherjee T., Seru A., et al, "Financial regulation and securitization: Evidence from subprime loans", *Journal of Monetary Economics*, Vol.56, No.5 (July 2009).

40.Kumar M., Patel NR., "Clustering data with measurement errors", *Computational Statistics & Data Analysis*, Vol.51, No.12 (August 2007).

41.Li H., Zhang Q.: Multiobjective Optimization Problems With Complicated Pareto Sets, MOEA/D and NSGA-II, *IEEE Transactions on Evolutionary Computation*, Vol.13, No.2 (April 2009).

42. Lindeman C. David, "Provident Fund in Asia: Some lessons for pension reformers", *International Social Security Review*, Vol.55, No.4 (December 2002).

43.Liu J., Lampinen J., "A fuzzy adaptive differential evolution algorithm", *Soft Computing*, Vol.9, No.6 (June 2005).

44.Liu JS., Lu LYY., Lu W-M., et al, "A survey of DEA applications", *Omega-Int J Manage S*, Vol.41, No.5 (October 2013).

45. Liu JS., Lu LYY., Lu W-M., et al, "Data envelopment analysis 1978-2010: A citation-based literature survey", *Omega-Int J Manage S*, Vol.

41,No.1(January 2013).

46.Mallipeddi R.,Suganthan PN.,Pan QK.,et al,"Differential evolution algorithm with ensemble of parameters and mutation strategies",*Applied Soft Computing*,Vol.11,No.2(March 2011).

47.Mansini R.,Speranza MG.,"A multidimensional knapsack model for asset-backed securitization",*Journal of the Operational Research Society*,Vol. 53,No.8(August 2002).

48.McQueen J.,"Some methods for classification and analysis of mutivariate observations",*Proc. 5th Berkeley symposium*,*Math Statistics and Probability*,Vol.1,1967.

49.Mukuddem-Petersen J.,Mulaudzi MP.,Petersen MA.,et al,"Optimal mortgage loan securitization and the subprime crisis",*Optimization Letters*, Vol.4,No.1(January 2010).

50.Mulder De W.,"Optimal clustering in the context of overlapping cluster analysis",*Information Sciences*,Vol.223(February 2013).

51.Neri F.,Tirronen V.,"Recent advances in differential evolution: a survey and experimental analysis",*Artificial Intelligence Review*,Vol.33,No. 1-2(February 2010).

52.Nikitin N.,Trifonova E.,Evtushenko E.,et al,"Comparative Study of Non-Enveloped Icosahedral Viruses Size",*Plos One*,Vol.10,No.11(November 2015).

53.Noman N.,Iba H.,"Accelerating differential evolution using an adaptive local search",*IEEE Transactions on Evolutionary Computation*,Vol.12, No.1(February 2008).

54.Noman N.,Iba H.,"Differential evolution for economic load dispatch problems", *Electric Power Systems Research*, Vol.78, No.8 (August 2008).

55. Otero Gonzalez L., Ezcurra Perez M., Martorell Cunil O., et al, "Analysis of the impact of mortgage backed securitization on financial stability of the Spanish banking system", *Revista Espanola De Financiacion Y Contabilidad-Spanish Journal of Finance and Accounting*, Vol.42, No.160 (2013).

56. Otten EW., Karn KS., Parsons KS., "Defining Thumb Reach Envelopes for Handheld Devices", *Human Factors*, Vol. 55, No. 1 (January 2013).

57. Paterlini S., Krink T., "Differential evolution and particle swarm optimisation in partitional clustering", *Computational Statistics & Data Analysis*, Vol.50, No.5 (March 2006).

58. Petersen MA., Mukuddem-Petersen J., Waal De B., et al, "Profit and Risk under Subprime Mortgage Securitization", *Discrete Dynamics in Nature and Society*, Vol.2011 (July 2011).

59. Picazo-Tadeo AJ., Gomez-Limon JA., Reig-Martinez E., "Assessing farming eco-efficiency: A Data Envelopment Analysis approach", *Journal of Environmental Management*, Vol.92, No.4 (April 2011).

60. Pulina M., Detotto C., Paba A., "An investigation into the relationship between size and efficiency of the Italian hospitality sector: A window DEA approach", *European Journal of Operational Research*, Vol.204, No.3 (August 2010).

61. Qin AK., Huang VL., Suganthan PN., "Differential Evolution Algorithm With Strategy Adaptation for Global Numerical Optimization", *IEEE Transactions on Evolutionary Computation*, Vol.13, No.2 (April 2009).

62. Qin AK., Suganthan PN., "Self-adaptive differential evolution

algorithm for numerical optimization", *2005 IEEE Congress on Evolutionary Computation*, *Vol.* 2(December 2005).

63. Rahnamayan S., Tizhoosh HR., Salama MMA., "Opposition-based differential evolution", *IEEE Transactions on Evolutionary Computation*, Vol.12, No.1(February 2008).

64. Ren Hong, Xia Gang, Chen Lei, "Study on Institutional Defect of Mortgage-Backed Securitization and Countermeasures in China", *Journal of Chongqing Jianzhu University*, Vol.29, No.2(April 2007).

65. Rocca P., Oliveri G., Massa A., "Differential Evolution as Applied to Electromagnetics", *IEEE Antennas and Propagation Magazine*, Vol.53, No.1 (February 2011).

66. Ronquist F., Huelsenbeck JP., "MrBayes: Bayesian phylogenetic inference under mixed models", *Bioinformatics*, Vol.19, No.12(August 2003).

67. Sagerstrom CG., Gammill LS., Veale R., et al, "Specification of the enveloping layer and lack of autoneuralization in zebrafish embryonic explants", *Developmental Dynamics*, Vol.232, No.1(January 2005).

68. Shi G-M., Bi J., Wang J-N., "Chinese regional industrial energy efficiency evaluation based on a DEA model of fixing non-energy inputs", *Energy Policy*, Vol.38, No.10(October 2010).

69. Song M., An Q., Zhang W., et al, "Environmental efficiency evaluation based on data envelopment analysis: A review", *Renewable & Sustainable Energy Reviews*, Vol.16, No.7(September 2012).

70. Sozen A., Alp I., Ozdemir A., "Assessment of operational and environmental performance of the thermal power plants in Turkey by using data envelopment analysis", *Energy Policy*, Vol.38, No.10(October 2010).

71. Stiglitz J., "The economics of low-cost housing in developing countries", *World Bank Economic Review*, Vol.1, No.2(January 1988).

72. Storn R., Price K., "Differential evolution-A simple and efficient heuristic for global optimization over continuous spaces", *Journal of Global Optimization*, Vol.11, No.4(December 1997).

73. Sueyoshi T., Goto M., "Methodological comparison between DEA (data envelopment analysis) and DEA-DA (discriminant analysis) from the perspective of bankruptcy assessment", *European Journal of Operational Research*, Vol.199, No.2(December 2009).

74. Vasoo S., "New Directions of Community Development in Singapore", in *Extending Frontiers: Social Issues and Social Work in Singapore*, T. Tiong and K. Mehta (eds.), Singapore: Eastern Universities Press, 2002.

75. Wainwright T., "Laying the Foundations for a Crisis: Mapping the Historico-Geographical Construction of Residential Mortgage Backed Securitization in the UK", *International Journal of Urban and Regional Research*, Vol. 33, No.2(June 2009).

76. Walks A., Clifford B., "The political economy of mortgage securitization and the neoliberalization of housing policy in Canada", *Environment and Planning A*, Vol.47, No.8(August 2015).

77. You YL., Kaveh M., "Fourth-order partial differential equations for noise removal", *IEEE Transactions on Image Processing*, Vol. 9, No. 10 (October 2000).

78. Zhang J., Sanderson AC., "JADE: Adaptive Differential Evolution With Optional External Archive", *IEEE Transactions on Evolutionary Compu-*

tation, Vol.13, No.5 (October 2009).

79. Zhou P., Ang BW., Wang H., "Energy and CO_2 emission performance in electricity generation: A non-radial directional distance function approach", *European Journal of Operational Research*, Vol. 221, No. 3 (September 2012).

80. Zhou W., Wang B., "Research on fund control during using surplus housing accumulation fund for indemnificatory housing program", *Information Technology and Industrial Engineering*, Vol.1-2 (2014).

81. Zhou WJ, Fan JX., "Game Analysis on Two Contradictions among Housing Accumulation Fund System in China", *2012 International Conference on Public Administration*, 2012.

82. Zhu L., Cao L., Yang J., et al, "Evolving soft subspace clustering", *Applied Soft Computing*, Vol.14, Part B (January 2014).

后　记

国家安全是民族复兴的根基,社会稳定是国家强盛的前提。必须坚定不移贯彻总体国家安全观,确保国家安全和社会稳定。要坚持以经济安全为基础、以社会安全为保障,统筹发展和安全,夯实国家安全和社会稳定基层基础,建设更高水平的平安中国,以新安全格局保障新发展格局。

本书系国家社会科学基金项目"新时代国家安全风险治理机制创新与优化策略研究"(20BZZ035)的阶段性成果。《中华人民共和国国民经济和社会发展第十四个五年规划和 2035 年远景目标纲要》中明确提出"改革完善住房公积金制度,健全缴存、使用、管理和运行机制"。可见,完善住房公积金制度已经成为未来几年国家顶层设计的明确要求。作为现阶段中国最重要的政策性住房金融政策,住房公积金制度已经在我国落地实施 30 余年,住房公积金制度的运行效率,直接影响广大中低收入阶层的住房福祉,更是国家治理能力和治理体系现代化在我国住房金融与住房保障体系中的重要体现,因而,住房公积金制度的实施效果关系到社会整体的和谐和可持续发展,关系到国家的社会稳定。基于此,本书从时间、空间两维视角选取近年来中国 31 个省份住房公积金运行数据为对象,构建中国住房公积金制度治理效能评价体系,引入差分进化算法定量测度和揭示中国住房公积金制度治理效能分布特征,提出中国住房公积金制度治理效能提升路径。

在本书的撰写、编辑和出版过程中,裴艺帆、夏雯艳、郭依婷为书稿校对做了一定工作,陈杰、吴义东对本书进行了审读,人民出版社编辑吴明静付出了大量心血,在此一并表示诚挚的谢意。住房公积金制度改革是一个复杂巨系统,本研究还将进一步探讨和深入。

2022 年 6 月

责任编辑:吴明静

封面设计:汪　阳

责任校对:王春然

图书在版编目(CIP)数据

中国住房公积金运行效率研究/蒋华福 著. —北京:人民出版社,2023.6

ISBN 978－7－01－025091－5

Ⅰ.①中… Ⅱ.①蒋… Ⅲ.①住房基金-公积金制度-研究-中国

Ⅳ.①F299.233.1

中国版本图书馆 CIP 数据核字(2022)第 176581 号

中国住房公积金运行效率研究

ZHONGGUO ZHUFANG GONGJIJIN YUNXING XIAOLÜ YANJIU

蒋华福　著

人民出版社 出版发行

(100706　北京市东城区隆福寺街 99 号)

北京汇林印务有限公司印刷　新华书店经销

2023 年 6 月第 1 版　2023 年 6 月北京第 1 次印刷

开本:710 毫米×1000 毫米 1/16　印张:14.25

字数:170 千字

ISBN 978－7－01－025091－5　定价:50.00 元

邮购地址 100706　北京市东城区隆福寺街 99 号

人民东方图书销售中心　电话 (010)65250042　65289539